AF204062

tredition®
www.tredition.de

Diese eine Frage beschäftigt uns doch alle:

Wie werden wir einmal im Alter leben, wenn wir keine Angehörigen haben, die sich um uns kümmern?

Bewohner beurteilen ihre derzeitige Wohnsituation:

- **Selbstbestimmt** leben **im eigenen Zuhause** bis zum Lebensende wäre meine Zielvorstellung. Doch geht das auch bei körperlichen und psychischen Beeinträchtigungen? Droht mir nicht später die Gefahr der Vereinsamung und der Verwahrlosung, wenn ich keine Angehörigen mehr in der Nähe habe?

- Viele meiner Mitbewohner **im „Betreuten Wohnen einer Seniorenwohnanlage"** bezeichnen das angebotene Rund-um-sorglos-Paket als eine Art Mogelpackung.
  Sie sind erbost darüber, dass Miete, Grundservice und Wahlleistungen so teuer sind, und noch zusätzlich hohe monatliche Kosten nur für Bereitstellung der Dienste anfallen, egal ob sie angefordert werden oder nicht. Auch wird jetzt erst manchen bewusst, dass man als Pflegefall kaum in der „Betreuten Wohnanlage" bleiben kann.

- Das Leben **im Pflegeheim** hier ist der Vorhof zur Hölle. Du bist total entmündigt. Du musst essen, wenn du keinen Hunger hast, ins Bett gehen, wenn du nicht müde bist und aufstehen, wenn du noch schlafen willst. Es gibt keine sinnvollen Beschäftigungen, und du findest kaum Gesprächspartner, weil der weitaus größte Teil der Bewohner aus Schwerstpflegefällen oder Demenzkranken besteht.

Im Gegensatz zu diesen wenig ermutigenden Einschätzungen bietet der Autor mit seinem Roman einen praktikablen und möglichen Lösungsweg an.

Norbert Necker

Entrez!
Willkommen in
unserer Senioren WG!

Ein optimistischer Ausblick
und echter Mutmacher
für die Zukunft unserer Seniorengeneration

 tredition®
www.tredition.de

© 2016 Norbert Necker

Verlag: tredition GmbH, Hamburg

ISBN
Paperback: 978-3-7345-2221-5
e-Book: 978-3-7345-2222-2

Printed in Germany

Neuanfang

(Februar 2010)

Er hatte es nicht eilig, ganz im Gegenteil. Alles war endgültig erledigt. Das Haus war verkauft, die Schlüssel dem neuen Besitzer übergeben, die Möbel waren von der Umzugsfirma zusammengepackt und verstaut und würden morgen in seiner neuen Eigentumswohnung in Bührstadt im Kreis Göppingen um 10.00 Uhr angeliefert werden. Befreit fuhr er um 16.00 Uhr von seinem bisherigen Zuhause am Killesberg in Stuttgart los, das die letzten 30 Jahre das Heim von seiner verstorbenen Frau Karin und ihm gewesen war. „Überleg es dir doch noch einmal!", hatten ihn seine bisherigen Bekannten beschworen.

„Wie kannst du all das hier aufgeben und in eine völlig neue Umgebung ziehen, wo du niemanden kennst?"

Ja, er hatte es sich wohl überlegt, ob er diesen Schritt wagen sollte und war sich keineswegs so sicher, wie er sich nach außen gab. Nicht alle seine Gründe hatte er ihnen mitgeteilt, vor allem nicht, dass die Erinnerungen an seine verstorbene Frau Karin noch so stark waren, dass er einfach einen „Cut" in seinem Leben machen wollte. Alles in seiner alten Umgebung würde ihn ständig an sie erinnern. Auch musste doch eigentlich jeder einsehen, dass das Haus viel zu groß für ihn alleine war, und er auf jeden Fall in eine kleinere Wohnung umziehen musste. Doch halt, das war nicht der Hauptgrund, er wollte sich nichts vormachen. Der Hauptgrund für diesen neuen Schritt war in den beiden vergangenen Jahren zu suchen, von denen er sich befreien musste, wenn ein Neuanfang gelingen sollte. Zu hart waren die beiden vergangenen Jahre hier für ihn gewesen, als er seine krebskranke Frau Karin pflegte, seinen Job als Zeitungsreporter bei der „Stuttgarter Zeitung" nur noch von Zuhause aus erledigen konnte, und er seine eigenen Bedürfnisse vernachlässigt hatte. Nun war er alleine und musste damit zurechtkommen. Dazu war es einfach notwendig, Stuttgart zu verlassen. Der Wegzug war für ihn eine Notwendigkeit, wenn ein Neuanfang gelingen sollte. Nach den Monaten der Verzweiflung, der Trauer und der Depression musste er erst wieder selbst zu sich finden. Durch seine Reportertätigkeit kannte er Untersuchungsbefunde, nach denen pflegende Personen, die Pflegefälle oder demenzkranke Angehörige betreut hatten, statistisch gesehen selber viel anfälliger für psychische Erkrankungen und Depressionen waren als andere Personen. Das sollte ihm nicht passieren. Er würde, nachdem er in den Ruhestand getreten war und nun bald in Bührstadt wohnen würde, sich wieder mehr um seine persönlichen Belange kümmern und nur noch ab und zu einige Artikel von Zuhause aus für seine Zeitung schreiben, wenn irgendwelche Nachrichten aus dem Kreis Göppingen und vom Lande anfielen.

Eigentlich hatte er zusammen mit seiner Ehefrau einen ganz anderen Neuanfang nach dem Eintritt in den Ruhestand geplant, bevor sie krank wurde. Der Anlass für diesen geplanten Neuanfang waren seine Besuche bei seiner Mutter gewesen, die in einem Altenheim bei Stuttgart lebte. Als er sie wieder einmal besuchte, was leider nur zu selten geschah, und er ihr Zimmer betrat, strahlte sie ihn freudig an. In diesen Momenten schämte er sich dafür, dass er nie öfters kam und selten länger als eine Stunde blieb. Jedoch sie war stolz darauf, dass sie zu den privilegierten Bewohnern gehörte, die noch von ihren Angehörigen besucht wurden. Ein beklemmendes Gefühl überkam ihn, als sie beide auf dem Weg zum Café im Altenheim an den Rollstühlen der vor sich hindösenden alten Männer und Frauen vorbeikamen.

„Ich möchte heim!", schrie eine von ihnen immer wieder, bevor sie von einer Pflegerin weggebracht wurde. Die anderen in ihren

Rollstühlen vor sich hindösenden Pflegepersonen waren wahrscheinlich irgendwie mit Medikamenten ruhiggestellt worden. Wieder stieg ihm das Gemisch des Geruches von der Küche und vom Urin der Inkontinenzkranken unangenehm in die Nase, den er auch schon zu riechen glaubte, wenn nur das Wort „Altenheim" erwähnt wurde.

„Heutzutage ist doch so ein Pflegeheim nichts als eine Aufbewahrungsanstalt von hauptsächlich demenzkranken Alten oder Pflegefällen," dachte er, und erneut überfiel ihn ein schlechtes Gewissen, weil er seine Mutter in eine derartige Anstalt gesteckt hatte, in der man einfach depressiv werden musste. Jedoch hatten Karin und er keine andere Möglichkeit gesehen, denn sonst hätte einer von ihnen den Beruf aufgeben müssen, und Karin war ausgesprochen gerne Kindergärtnerin. Seine Mutter war mit ihren 86 Jahren noch lange nicht die Älteste, es gab auch Frauen kurz vor 100 Jahren. Auffallend war, dass man nur wenige Männer sehen konnte.

„Wahrscheinlich sterben sie früher," dachte er und fand, dass dies eigentlich ein Glückfall wäre. Man konnte der Heimleitung und dem Pflegepersonal im Grunde genommen nichts Negatives ankreiden, zumindest waren ihm keine Vorfälle bekannt geworden, wo diese gegen irgendwelche Bestimmungen verstoßen hätten. Auch seine Mutter beschwerte sich nicht über die Pflegerinnen. Natürlich war immer zu wenig Zeit für die zu Betreuenden vorhanden, und die Zahl derer, mit denen sich seine Mutter vernünftig unterhalten konnte, wurde immer geringer. Es war eher der Gesamteindruck der hilflos und apathisch vor sich hindösenden Alten, der ihn schockierte und der Mangel an sinnvoller Tätigkeiten, die für diese Menschen einfach nicht vorhanden waren.

Unwillkürlich kam die Frage auch in ihm auf: „Willst du auch einmal so enden?" Als er nach dem Abschied von seiner Mutter wieder im Auto saß, atmete er erst einmal tief durch und fühlte sich erleichtert, dass er dem Pflegeheim dem Rücken kehren konnte. Doch die beklemmenden Gedanken und die Schuldgefühle hielten noch lange an. Zu Hause angekommen, begrüßte er zuerst seine Ehefrau, beschrieb ihr seine Stimmung und fragte sie: „Sag mal, willst du eigentlich, wenn wir einmal alt sein werden, auch deine letzten Tage in einem Altenheim zubringen?"

„Wollen natürlich nicht, aber was wird uns anderes übrigbleiben," antwortete sie mit einem Achselzucken.

„Nun ja, es gibt schon andere Möglichkeiten, aber die erfordern sehr viel Mut und Flexibilität."

„Und welche Möglichkeiten wären das?"

„Überleg einmal! Wir beide sind doch eigentlich ganz gesellige Typen und gerne mit anderen Leuten zusammen. Wir wäre es denn, wenn wir uns mit anderen Gleichgesinnten zusammentun und eine Art „Alterskommune" gründeten oder heute sagt man wohl eher ‚Seniorenwohngemeinschaft' oder abgekürzt ‚Senioren WG'? Man könnte sich gegenseitig helfen, eine ganze Menge Geld sparen, sich gegenseitig versorgen und wäre nie alleine. Es gibt schon eine ganze Menge ähnlicher Wohngemeinschaften in Deutschland. Na, was hältst du davon?"

„Eigentlich überhaupt nichts. Hier aus unserem schönen Hause auszuziehen, immer mit anderen auf engen Raum zu leben, sich nach anderen richten zu müssen, nein das ist nichts für mich. Aus diesem Haus bringst du mich lebendig nicht heraus." Als sie merkte, wie enttäuscht er über ihre Reaktion war, beschwichtigte sie ihn. „Komm sei doch nicht enttäuscht. Das alles kommt ja auch jetzt etwas plötzlich. Natürlich gehe ich davon aus, dass du mit deinem Organisationstalent vielleicht tatsächlich so etwas auf die Beine stellen könntest. Reden wir doch später noch einmal darüber."

Aber ihn selbst beschäftigte diese Idee weiterhin. Er fand, dass Karin die Nachteile schon richtig erkannt hatte, aber die möglichen Vorteile, die diese Lebensform für sie im Alter bringen könnte, vollkommen unberücksichtigt ließ, wenn man nur daran dachte, dass die Alternative für viele eben das Pflegeheim darstellte. Er „googelte" im Internet über Alterskommunen und las, was er darüber in die Hände bekam. Doch der Satz: „Aus diesem Haus bringst du mich nicht lebendig heraus," bewahrheitete sich leider allzu früh und anders, als sie es gedacht hatten. Denn ein Jahr darauf starb seine Mutter, und Karin erkrankte wenig später unheilbar an Magenkrebs, so dass ihn andere Sorgen plagten. Das Thema wurde vorerst „ad acta" gelegt. Etwa ein Jahr nach seiner Mutter starb Karin zu Hause in seinen Armen und bedankte sich noch vorher bei ihm, dass er in den letzten Monaten immer für sie da war und vieles für sie aufgegeben hatte. Sie forderte ihn auf, nach ihrem Tode einen Neuanfang zu wagen und nicht alleine zu bleiben, denn dafür sei er einfach nicht der Typ. Zwar versprach er ihr das, weil er ihr in diesem Augenblick alles versprochen hätte, dachte aber insgeheim, dass dieses Versprechen wohl kaum erfüllt werden würde.

Nachdem er in den letzten drei Monaten nach dem Tode seiner Ehefrau alles geregelt hatte, was es eben in einem Todesfalle zu regeln gab, rang er sich endgültig durch, wegzuziehen und traf seine Vorbereitungen.

Er bog in Cannstatt ab auf die B 10, verließ diese wieder bei Nürtingen und fuhr die Landstraße weiter in Richtung seines neuen Heimatortes Bührstadt. Was ihn wohl dort erwarten würde?

„Wieso denn gerade so ein, Kaff' wie Bührstadt, das, wenn's hochkommt, gerade mal 10 000 Einwohner besitzt?", hatten sie ihn ständig gefragt. „Einem Großstädter wie dir fällt doch dort die Decke auf den Kopf und du wirst dich zu Tode langweilen."

Doch das war einfach zu erklären. Seine verstorbene Frau besaß von ihrer Mutter her noch eine Eigentumswohnung in Bührstadt, die auf ihn vererbt wurde, und in diese 4 –Zimmer

Wohnung würde er ziehen. Ob er sich tatsächlich zu Tode lang-weilen würde, das müsste sich zuerst noch zeigen. Ihm war zwar vollkommen klar, dass er niemals der Typ war, der von nun an einfach die „Seele baumeln lassen konnte". Dazu war er zu aktiv, und meist fühlte er sich einfach nicht recht wohl, wenn er keine Aufgabe zu erledigen hatte. Aber er hoffte, dass sich in dieser kleineren Gemeinschaft für ihn schon eine sinnvolle Auf-gabe finden lassen würde, so dass er in Kombination von ver-antwortlichen Aufgaben und Entspannung wie Sport und Kultur ein ausgewogenes Leben führen konnte. Planerisch, wie er nun einmal veranlagt war, hatte er auch in dieser Hinsicht schon vorgesorgt. Bis zur Krankheit seiner Ehefrau, also bis vor drei Jahren, hatte er beim TC- Weissenhof in der Herren 60-Mannschaft in der Oberliga Tennis gespielt. Bei einem dieser Pflichtspiele, es war das letzte Spiel der Saison, in dem es für beide Mannschaften um nichts mehr ging, war auch der TC – Bührstadt zu Gast da gewesen. Mit dem Mannschaftsführer Pe-ter Haller hatte er sich gut verstanden, und sie feierten zum Sai-sonabschluss zusammen ein rauschendes Fest, bei dem Ralf ge-sungen und Gitarre gespielt hatte. Diesen Peter Haller hatte er vor drei Tagen angerufen, ihm seine Geschichte erzählt und ihn gefragt, ob er noch Tennis spiele und ob sie in ihrer Mannschaft noch einen Mann gebrauchen könnten.

„Aber natürlich spiele ich noch Tennis. Mensch, das wäre ja su-per, wenn du zu uns kommst! Wir sind in der letzten Saison in die Württembergliga aufgestiegen und wollen diese Klasse un-bedingt halten. Jetzt ist aber unsere Nummer 2 ausgefallen und da könntest du doch wunderbar für ihn einspringen. Von deiner Spielstärke her wäre das absolut gerechtfertigt. Ruf mich sofort an, wenn du bei uns in Bührstadt wohnst, damit ich dich noch für die Mannschaft nachmelden kann! Da werden sich meine Kameraden und der ganze Tennisclub aber freuen. Weißt du, für euch auf dem Weissenhof ist es fast normal, dass man in so einer hohen Spielklasse spielt. Aber für uns in so einem kleinen Ort ist das eine absolute Ausnahme und wir sind gewissermaßen das Aushängeschild des Vereins und des ganzen Ortes. Also, sofort anrufen!"

Immerhin einen Bekannten hatte er schon.

So, jetzt musste er aber die Vergangenheit ruhen lassen und sich der Gegenwart zuwenden. Er würde heute Nacht im „Schwanen" in einem Hotel 3 km vor „Bührstadt übernachten und das Hotel musste in wenigen Minuten rechts vor ihm auftauchen. Da war schon das erste Hinweisschild auf das Hotel. Als er in den Parkplatz beim Hotel einbog, sah er einen Audi A4, bei dem die Motorhaube geöffnet war. Darunter verbarg sich der Kopf eines Autofahrers, den er nicht recht erkennen konnte. Er fuhr neben das Auto und fragte:

„Kann man helfen?".

Jetzt richtete sich die Person auf und er erkannte, dass sich eine Frau hinter der Motorhaube verborgen hatte.

„Das wäre gar zu schön. Aber ich weiß nicht, was eigentlich los ist. Der Motor will einfach nicht anspringen."

Sie musterten sich gegenseitig. Ralf sah eine etwa 60 Jahre alte, aber noch ausgesprochen hübsche Frau, mit halblangen, blonden Haaren und Fransen in der Stirne. Sie taxierte ihn von oben bis unten etwas kritisch, denn er sah mit seinem Vollbart und seinen ziemlich langen Haaren aus wie ein in die Jahre gekommener Student aus. Dazu passten auch seine verwaschenen Jeans. Als er ausstieg, sah sie, dass er fast 1,90 m groß war. Er kam auf sie zu und meinte eher scherzhaft:

„Wenn ein Auto nicht anspringt, dann sind in 70 % aller Fälle entweder fehlendes Benzin oder eine leere Batterie die Ursache. Können Sie die beiden Gründe ausschließen?"

Sie schlug die Hand auf ihre Stirn. „Ich Rindvieh! Ich glaube, ich habe das Licht brennen lassen, als ich mit meinen Freundinnen zwei Stunden beim Kaffee ‚getratscht" habe."

„Das haben wir gleich."

Er stieg in ihren Wagen und schaute nach, ob das Licht noch eingeschaltet war. Tatsächlich, der Lichtschalter war eingeschaltet. Er schaltete ihn aus und stieg wieder aus. Sie schlug sich wieder die Hand auf die Stirn und rief schuldbewusst:

„Sie müssen mich für eine völlig durchgeknallte ‚Tussi' halten. Aber als ich losfuhr, hatte es geregnet und ich habe das Licht eingeschaltet. Später. als ich hier ankam, war wieder schönes Wetter und ich habe nicht mehr an das Licht gedacht. Was kann man denn nun tun? Müssen wir den ADAC anrufen?"

„Wer ruft denn heutzutage noch den ADAC an? Ich habe ein Starthilfekabel dabei. Damit bekommen wir ihren Wagen wieder im Nu flott. Passen Sie auf!"

Er klemmte das Zündkabel an die beiden Batterien, startete seinen Wagen und rief:

„Und jetzt Motor anschalten und nicht ausgehen lassen!"

Der Motor sprang sofort an und lief rund.

„Vielleicht sehen wir uns irgendwann einmal wieder," wollte er sich von ihr verabschieden. „Halt, halt, ich muss mich doch noch bei Ihnen bedanken! Wie kann ich das wieder gut machen? Und ich kenne ja noch nicht einmal Ihren Namen."

„Also ein Vorschlag von mir. Ich übernachte heute Nacht hier im Hotel. Jetzt bringe ich mein Gepäck hoch, wasche mich und trinke dann an der Bar ein Bier. Wenn Sie sich unbedingt erkenntlich zeigen wollen, dann können Sie mich ja zu dem Bier einladen. Aber zuerst müssen Sie mit Ihrem Auto mindestens 20 km fahren, damit sich die Batterie wieder auflädt. Wenn es Ihnen danach immer noch wichtig ist, mich zu einem Drink einzuladen, dann kommen Sie bei der Rückfahrt herein an die Bar!"

Er ließ ihr keine Zeit etwas darauf zu antworten, sondern lief zurück zu seinem Auto und holte sein Gepäck. Hinter sich hörte er, wie sie mit einem Hupen an ihm vorbeifuhr und in die Straße einbog. „Das fängt ja nicht schlecht an. Noch nicht einmal in meinem neuen Heimatort angekommen und schon die erste Bekanntschaft. Das heißt, wenn sie überhaupt wiederkommt," dachte er, als er nach der Anmeldung an der Rezeption in sein Zimmer hinauflief und sich frisch machte.

Nach etwa einer halben Stunde kam er in die Bar herunter, und tatsächlich saß sie schon an einem Tisch und trank ein Cola. Er wartete noch eine Weile oben auf der Treppe und betrachtete sie aus der Entfernung. Sie war sehr modisch gekleidet und hatte eine schlanke Figur, aber das auffallendste an ihr waren ihre schönen, strahlenden blauen Augen. In den letzten zwei Jahren und in den Monaten nach dem Tode seiner Frau hatte er eigentlich keine Frau mehr genau angesehen. Das wäre ihm überhaupt nicht in den Sinn gekommen. Als er an ihren Tisch herantrat, erhob sie sich, und sie begrüßten sich jetzt erst mit Handschlag.

„Gestatten, Ralf Rein".

„Gaby Groß".

„Ich hoffe, ich halte Sie nicht von etwas Wichtigem ab. Zur Not hätte ich mein Bier auch selber zahlen können."

„Aber keineswegs. Seit dem Tode meines Mannes vor fünf Jahren lebe ich alleine in Bührstadt, und auf mich wartet höchstens meine Katze. Aber meine Nachbarin versorgt sie schon gut in meiner Abwesenheit. Sie sind wohl geschäftlich unterwegs, wenn Sie hier übernachten?"

„So könnte es sein, aber es ist nicht so. Morgen kommen meine Möbel, und dann werde ich neuer Bürger von Bührstadt sein. Ich werde in die Sonnenstraße einziehen. Vielleicht kennen Sie ja die Gegend.?"

„Natürlich kenne ich die Gegend. Nicht weit davon, im „Bären," ist unser Treffpunkt von unserer 60 plus - Seniorengruppe, der ich auch angehöre."

Inzwischen hatte der Ober sein Bier gebracht, sie stießen miteinander an und kamen ins Gespräch. Seit Jahren hatte sich Ralf nicht mehr so glänzend unterhalten. Das lag auch daran, dass Gaby sehr redselig war und geradezu übersprudelte in ihrem Mitteilungsbedürfnis. Auch hing sie an seinen Lippen, wenn er etwas erzählte, wendete sich ihm zu und vermittelte ihm das Gefühl, dass sie stark an seinen Worten interessiert war. Später sollte Ralf feststelltn, dass es fremden Leuten bei der Unterhaltung mit ihr genau so erging. Sie konnte sich meist mit Fremden in kürzester Zeit sofort glänzend unterhalten, und er wunderte sich oft darüber, wie Leute dazu kamen, ihr, einer völlig fremden Person, nach wenigen Minuten zum Teil die intimsten Dinge zu erzählen. Im Gegensatz dazu hatte er selbst oft Probleme, überhaupt einen Gesprächsstoff zu finden und ein Gespräch in Gang zu halten. Als sie sich jedenfalls nach zwei Stunden voneinander verabschiedeten, kannten sie beide die gegenseitige Vergangenheit: Sie wusste, dass seine Frau gestorben, dass er Zeitungsreporter gewesen war, und dass er den Tennisspieler Peter Haller kannte, der ebenfalls Mitglied in der 60 plus - Seniorengruppe war. Er erfuhr, dass ihr verstorbener Ehemann im Geschäftsvorstand der bekannten Firma „Binder" gewesen war, sie alleine in einem großen Haus wohnte und ab und zu von ihrer ebenfalls in Bührstadt wohnenden Tochter besucht wurde. Zum Abschied lud sie ihn zu dem nächsten Treffen der 60 plus - Seniorengruppe ein, das in zwei Wochen um 19.00 Uhr im Gasthaus „Bären" stattfinden würde. Das, so bemerkte sie, sei doch ideal für einen wie er, der fremd in einer Stadt sei, Anschluss suchte und diesen dort auch finden könnte.

„Ich bin mir ganz sicher, dass Sie von Ihrer Art und Vorbildung ideal zu dieser Gruppe passen werden. Und ich würde mich auch freuen, Sie wieder zu sehen", gab sie offen zu und verabschiedete sie sich von ihm.

Am nächsten Vormittag machte er sich in aller Frühe zu seinem neuen Zuhause nach Bührstadt auf. Er läutete in der Wohnung über ihm. Eine etwa 75 –jährige ältere Dame, Frau Fischer, öffnete die Türe, und er stellte sich als neuer Mitbewohner vor. Sie begrüßte ihn freundlich, und während er auf die Möbel wartete, führte sie ihn im Haus herum und erklärte ihm alles Wissenswerte. Dann wurden auch schon seine Möbel angeliefert und in den Räumen aufgestellt. Er betrachtete sein neues Zuhause, und vor allem beim Blick von der Terrasse auf den Garten war er mehr als zufrieden und konnte sich vorstellen, dass er sich hier wohl fühlen würde. Gegen 14.30 Uhr wollte er sich aufmachen, irgendwo im Ort eine Kleinigkeit zu essen, da läutete es.

„Wer kann denn das sein, es kennt mich doch keiner?", fragte er sich verwundert und öffnete die Eingangstüre. Vor ihm stand Gaby Große mit einem Blumenstrauß in der Hand und strahlte ihn an. An sie hatte er gar nicht mehr gedacht.

„Das ist aber eine freudige Überraschung mit der ich gar nicht gerechnet hätte," begrüßte er sie verblüfft, bevor sie lossprudelte:

„Ich habe meine Pläne geändert. Ich dachte, man kann Sie nicht so lange allein in einer fremden Umgebung lassen. Herzlichen Glückwunsch zum Einzug, Ich möchte Sie ganz herzlich als neuen Bürger von Bührstadt begrüßen. Kommen Sie bitte mit zum Auto, wir müssen noch etwas holen!"

Völlig überrascht nahm er ihr den Blumenstrauß ab, legte ihn ins Spülbecken und folgte ihr zum Auto. Dort holte Sie eine Kuchenplatte mit einem Kirschkuchen heraus und drückte ihm einen Korb mit einer Kaffeekanne mit Kaffeegeschirr in die Hand.

„Ich wusste ja nicht, wie weit Sie schon mit dem Einräumen Ihrer Möbel sind, aber eine kleine Pause zum Kaffeetrinken ist wohl nie ganz verkehrt."

Sie schaute sich in der Wohnung um und meinte anerkennend:

„Wie ich sehe, sind Sie ja schon fast fertig mit dem Einräumen. Schön haben Sie es hier und vor allem so geschmackvoll eingerichtet."

Sie ließ ihre Blicke durch das Zimmer schweifen und betrachtete die vielen Bücher, die selbstgemalten Bilder von Karin und die anderen Kunstgegenstände und Erinnerungsstücke von den gemeinsamen Reisen mit seiner Ehefrau. Für das Ästhetische in der Wohnung war immer Karin zuständig gewesen, und er hatte mitgenommen, was Platz in seinem neuen Heim finden würde. Sie betrachtete auch seinen Schreibtisch mit Computer, sein Faxgerät und den Drucker und frage ihn, ob er noch beruflich weiterarbeiten wolle.

„Ab und zu werde ich noch Artikel für die „Stuttgarter Zeitung" und manchmal, wenn es mir gerade danach ist, auch ein paar kleine Kurzgeschichten schreiben, für die ich einen Verlag gefunden habe. Nichts Weltbewegendes, mehr ein Zeitvertreib. Mal sehen, was das Leben hier noch von mir an schriftlichen Beiträgen fordern wird. Aber dass Sie einen Kuchen und Kaffee mitgebracht haben, war natürlich eine glänzende Idee. Ich wollte gerade irgendwo etwas essen gehen." Der Kuchen schmeckte hervorragend und wieder unterhielten sie sich angeregt. Er hatte manche Fragen an sie und sie erteilte ihm bereitwillig Auskünfte über: Einkaufsmöglichkeiten, empfehlenswerte Gaststätten und kulturelle Angebote. Auch bei der Anstellung einer Putzfrau wollte sie ihm behilflich werden und ihre eigene Putzfrau, Tanja, eine junge Frau aus Serbien, fragen, ob sie bei ihm noch eine zusätzliche Stelle annehmen würde. Über die Kommunalpolitik erfuhr er, dass der jetzige Bürgermeister von der SPD Heinz Wagner altershalber in drei Jahren sein Amt abgebe. Bei der nächsten Bürgermeisterwahl erwarte man ein Kopf an Kopf Rennen zwischen dem neuen SPD-Kandidaten Robert Hahn, der allgemein als zugänglicher und sympathischer Mann gelte und dem neuen starken Mann im Gemeinderat Werner Roth. Dieser sei Sprecher der Unabhängigen Partei Deutschlands UPD, die immer größeren Einfluss durch ihre rechts gerichteten Parolen in der Stadt gewinne. Offensichtlich seien viele Bührstädter Bürger für dieses rechts gerichtete Gedankengut sehr empfänglich. Man dürfe gespannt sein, wie das Duell ausgehen werde. Die Zeit verging wie im Fluge und sie verabschiedete sich mit den Worten:

„Also dann tschüss bis zum „60 plus - Seniorentreffen am 3. März um 19.00 Uhr im „Bären". Als sie die Wohnung verlassen hatte, kam ihm diese kalt und leer vor, und er musste sich wieder ans Alleinsein gewöhnen.

In den nächsten Tagen erkundigte er sich bei seiner Nachbarin Frau Fischer nach der 60 plus - Seniorengruppe.

„Soviel ich weiß, ist das eine Gruppe von etwa 25 Männern und Frauen, die sich einmal im Monat treffen. Es sind einige ‚Großkopfete' dabei, also prominente Persönlichkeiten der Stadt, wie ein ehemaliger Bürgermeister, Rechtsanwälte, Ärzte, Lehrer usw., die noch teilweise im Berufsleben stehen. Ab und zu liest man etwas über sie in der Zeitung, wenn sie eine gemeinsame Veranstaltung wie Informationsabende oder auch Benefizessen für karikative Organisationen veranstalten, aber sonst weiß ich nicht viel darüber."

Die 60 plus - Seniorengruppe

(März 2010)

Am 3. März betrat Ralf Rein nach 19.00 Uhr den Nebensaal des „Bären", der schon mit 25 Personen, davon acht Frauen, ziemlich gefüllt war. Als er in den Saal trat und seinen Blick schweifen ließ, bemerkte er Gaby, die aufgestanden war, ihm heftig zuwinkte und mit der Hand auf einen freien Platz neben ihr deutete. Er lief in Richtung zu ihr, begrüßte sie, und sie stellte ihren Nachbarn, einen Dr. Rudi Kneer, vor, der ihn mit den Worten empfing:

„Aha, ein Großstädter hat sich in die Niederungen der Provinz begeben."

Dieser Dr. Kneer sah mit seinem schmalen Oberlippenbärtchen und seinen geschniegelten, wohl schwarz gefärbten Haaren ein bisschen David Niven ähnlich. Wie Ralf später erfuhr, betrieb er noch eine Arztpraxis, die sehr gut lief, weil er der einzige praktizierende Arzt im Ort war. Zudem war er Mitglied der Fraktion der UPD im Stadtrat und ein Freund des Bürgermeisterkandidaten von dieser Partei. Doch bevor Ralf auf diese, wie er fand, provozierende Begrüßung entsprechend antworten konnte, kam schon ein freundlicher, gemütlich aussehender älterer Herr auf ihn zu und begrüßte ihn freundlich:

„Gestatten, mein Name ist Uwe Frenzel, ich bin der Vorsitzende der 60 plus - Seniorengruppe und wie Sie selbst sehen, mit meinen 78 Jahren eigentlich etwas zu alt für diese Gruppe. Aber es will sonst niemand meinen Job übernehmen. Ich freue mich, dass wir mit Ihnen vielleicht ein neues Mitglied bekommen werden. Gaby hat uns schon einiges über Sie berichtet. Würden Sie sich nachher kurz selbst vorstellen?"

Ralf nickte und im Hintergrund erblickte er seinen neuen Tenniskameraden Peter Haller, der ihm ebenfalls zuwinkte. Uwe Frenzel begann mit der Eröffnung der Sitzung:

„Liebe Mitglieder, ich darf Sie alle ganz herzlich zu der heutigen Sitzung begrüßen und möchte nachher unsere Jahresplanung für die Veranstaltungen in diesem Jahr vorstellen. Doch bevor ich dazu komme, darf ich erfreulicherweise einen Gast willkommen heißen, von dem ich hoffe, dass er Mitglied in unserer Gruppe wird. Er heißt Ralf Rein und wird sich gleich selbst vorstellen. Bitte Herr Rein!" Ralf stand auf und begann:

„Also ich bin für alle, die das wünschen, der Ralf. Ich habe bisher in Stuttgart gewohnt und bin 66 Jahre alt. Meine Ehefrau ist vor drei Monaten gestorben, und ich habe mich nach langer Überlegung entschlossen einen Tapetenwechsel vorzunehmen und bin deshalb nach Bührstadt gezogen, weil ich hier eine Eigentumswohnung besitze. Von Beruf bin ich freier Journalist bei den „Stuttgarter Zeitung", für die ich ab und zu noch Artikel schreibe. Nebenher beschäftige ich mich noch etwas mit der Literatur und schreibe für einen kleinen Verlag Kurzgeschichten, Gedichte und Sketche. Nichts Weltbewegendes und keinesfalls nobelpreisverdächtig. Da ich mich ja jetzt auch im Ruhestand befinde, habe ich mir Gedanken darüber gemacht, wie ich in meine Freizeit sinnvoll nutzen könnte. Ich weiß zu wenig über Ihre Organisation und möchte als Neuankömmling hier auch nicht die ‚große Lippe' riskieren. Deshalb gebe ich nur zwei Statements in aller Kürze zu diesem Thema mit zwei Zitaten ab:
1. Es wäre zu wenig für mich, mich mit dem folgenden Ziel als älterer Mensch zufrieden zu geben, das da lautet: ‚*Oben licht und unten dicht'. Gelächter kam auf.*
2. Ich stimme Woody Allen vollkommen zu, wenn er sagt: ‚Ich möchte in meinen alten Jahren nicht in den Herzen meiner Mitmenschen wohnen, sondern in meiner eigenen Wohnung'.

Und damit ich dieses Ziel auch persönlich erreiche, wäre ich bereit, einiges an Engagement zu investieren. So, damit ist eigentlich für heute schon genug gesagt, obwohl ich zu dieser Thematik noch sehr viel mehr beisteuern könnte, weil ich mich nämlich in meiner früheren journalistischen Tätigkeit häufig mit Seniorengruppen und ihren verschiedenen alternativen Modellen beschäftigt und darüber Artikel geschrieben habe. Aber vielleicht später einmal mehr darüber.

In meinem privaten Bereich spiele ich noch aktiv Tennis und freue mich, dass ich mit Peter Haller, der sich ja auch hier befindet, schon einen Ansprechpartner gefunden habe, in dessen Mannschaft ich mitspielen darf. Außerdem war ich es früher gewohnt, dass ich in einer Skatrunde wöchentlich einen „Skat gedroschen" habe. Diese Tradition würde ich gerne fortsetzen. Gibt es denn einige Leute hier, die gerne einmal in der Woche an so einem Kartenabend mitspielen würden?"

Zögerlich hoben fünf Personen die Hand.

Damit setzte sich Ralf.

„Da haben wir ja ein richtiges Allroundgenie abgekriegt," ließ sich Dr. Kneer neben ihm vernehmen, und das klang gar nicht freundlich.

Einige Leute schüttelten empört den Kopf, andere flüsterten sich einige Worte zu, die Ralf nicht verstand. Es herrschte Stille im Saal und Ralf wollte gerade aufstehen und Dr. Kneer eine passende Antwort geben, da meldete sich einige Tische weiter entfernt eine männliche Person, die wohl versuchte, die Situation zu entschärfen. Sie hatte etwa sein Alter, war etwas rundlich und sah gemütlich aus. Später erfuhr Ralf, dass diese Person früher stellvertretender Bürgermeister für die SPD in Bührstadt gewesen war und heute noch aktiv in einer Musikkapelle spielte, sowie das Amt des Vorsitzenden der Volkshochschule wahrnahm.

„Hallo Ralf, ich bin der Nico. Jetzt hast du mich aber doch neugierig gemacht. Ich finde, wir haben heute doch ganz wenig Programmpunkte, so dass du durchaus einige von den Vorhaben der verschiedenen Seniorengruppen beschreiben könntest, die du vorhin angeschnitten hast. Das ist doch für uns hier hoch interessant. Vielleicht können wir einige Anregungen erhalten."
Auch Uwe Frenzel stimmte ihm sofort zu:

„Ich bin ganz deiner Meinung Nico. Ralf, könntest du uns einige Vorhaben konkret beschreiben?"

Ralf freute sich zuerst einmal, dass sein Angebot, sich gegenseitig mit „Du" anzusprechen, so problemlos angenommen und auch durchgeführt wurde. Zögernd kam Ralf der Bitte nach und stand wieder auf.

„Wenn ihr es so wollt, dann mache ich das gerne. Aber ich muss dann doch etwas weiter ausholen. Für eine Organisation wie die unsere hier gibt es doch zwei Möglichkeiten. Sie könnte sich erstens vornehmen, dass sie für ihre Mitglieder, also die 60 plus - Altersgruppe eine Art Begegnungsstätte einrichtet und für sie vielleicht noch verschiedene Veranstaltungen wie Wanderungen, Ausflüge, kulturelle Besuche, Informationsabende und so weiter organisiert. Sie setzt sich damit immer noch von den üblichen Seniorentreffs der kirchlichen Vereinigungen ab, bei denen in der Regel nur Kaffee getrunken und ein ‚Schwatz' abgehalten wird. ‚Dort gehen ja nur die Alten hin' so ist die landläufige abfällige Meinung der noch jüngeren Seniorengruppen. In der Tat befinden sich in diesen eben beschriebenen älteren Gruppierungen meistens Personen von 75 Jahren aufwärts. Zurück zu unserer 60 plus- Seniorengruppe. Nun komme ich zu der zweiten Möglichkeit. Aus meiner Zeit als Reporter habe ich über eine ganze Menge von Seniorengruppen berichtet, die weitgehendere Zielsetzungen als die vorhin beschriebenen hatten. Dazu muss man kurz einen Blick auf die heutigen Senioren werfen, zu denen wir alle hier ja auch gehören:

Die heutigen Senioren sind in der Regel gut situiert im Gegensatz zu der kommenden Rentnergeneration, sie sind geistig und körperlich fit und wollen selbständig etwas tun und Einfluss nehmen. Viele sehen auch in ihrem Alter die Notwendigkeit, sich zu engagieren und Verbesserungen durchzusetzen, um unsere Umwelt ein klein bisschen zu verändern und zu verbessern. Sie sind sich auch durchaus ihrer politischen Macht bewusst, die sie allein schon durch die demografische Entwicklung und den Mehrheiten, die sie bei Wahlen stellen werden, besitzen. Ein Teil von ihnen will die verbleibende Restzeit im Ruhestand und sein Lebensumfeld selbst sinnvoll und produktiv gestalten und ist auch bereit zu Engagement und Ehrenamt. Fast alle bringen das heute fast Unbezahlbare mit, nämlich ‚Know-how' und ‚Zeit'. Ich weiß nun natürlich nicht, wie das in eurer Gruppe aussieht. Lasst mich noch einige Beispiele für die Tätigkeiten von ehrenamtlichen tätigen Seniorengruppen in ihren jeweiligen Orten aufführen, die mir bekannt sind:

- Einrichtung von Bürgerbussen und einem Lieferservice -
- Sprechstunden für Ältere zu Rechtsproblemen -
- Beratungen zu Patientenverfügungen, Generalvollmachten und Hilfen beim Ausfüllen von Anträgen -
- Reparaturdienste für Ältere von ehemaligen Handwerkern -
- Dienste im sozialen Bereich wie Unterstützung von Asylanwärtern und Hausaufgabenhilfe bei Schülern, desweitern."

Hier kam ein Zwischenruf von Dr. Kneer:

„Das ist doch das Allerletzte, sich in seiner Freizeit auch noch für das „Ausländerpack" zu engagieren. Die sollen dahin verschwinden, wo sie herkamen und nicht den deutschen Arbeitern die Arbeit wegnehmen und auf unsere Kosten leben!"

Pause und Bestürzung bei den meisten Anwesenden. Dann stand Pater Erich auf und sprach zu Dr. Kneer:

„Rudi, dein Verhalten ist unerträglich. Merkst du nicht, dass du mit diesen Ansichten bei uns völlig fehl am Platze bist! Ralf, fahre bitte fort!"

Beifälliges Klopfen der meisten Anwesenden.

Ralf fuhr fort: „Aus einigen Seniorengruppen sind bekannte Organisationen entstanden, die auch schon häufig in der Presse genannt wurden wie z.B.

- Seniorengenossenschaften
- Mehrgenerationenhäuser und
- Senioren -WGs.

Bei der Gründung einer Seniorengenossenschaft habe ich selbst mitgewirkt und war lange Jahre ihr 1. Vorsitzender, bis meine Frau krank wurde.

So, ich denke, das genügt fürs erste. Die genannten Vorhaben können natürlich erst nach und nach umgesetzt werden, vorausgesetzt, man hat die richtigen Leute dazu. Die Frage ist doch die: Will man etwas Derartiges überhaupt anpacken oder ist man mit dem bisherigen Zustand zufrieden? Aber es gibt zweifelsohne eine ganze Menge älterer Menschen, die gerne eine sinnstiftende Aufgabe übernehmen würden. Untersuchungen haben auch ergeben, dass sich Menschen mit sozialem Engagement glücklicher als andere fühlen. Außerdem sind die genannten Vorhaben alle auch Investitionen in die Zukunft, die einem selber einmal im Alter zugutekommen könnten. Darauf zu warten, dass der Staat einem hilft, dürfte oft vergebens sein. Dazu fehlt einfach das Geld. Ich habe jetzt aber schon viel zu viel geredet, wie mir mein Tischnachbar ja schon ganz deutlich unter die ‚Nase gerieben hat'. Auf keinen Fall möchte ich den Eindruck erwecken, als ob ich alles besser wüsste und alles umkrempeln wollte. Aber dieses Thema ist und war nun einmal mein Spezialgebiet."

Damit setzte er sich. Es gab viel Beifall für seine Ausführungen. Dann entstand eine Pause, weil die Anwesenden zuerst einmal Ralfs Worte überdenken mussten. Danach aber gab es viele Wortmeldungen und Nachfragen. Der größte Teil der Sprecher drückte aus, dass sie sich durchaus bei ihnen in Bührstadt ein größeres Engagement vorstellen könnten. Nur Dr. Rudi Kneer attackierte weiter:

„Herr Rein, sind Sie etwa ein verkappter Sozialist oder Kommunist?"

Ralf fragte sich, was der „Lackaffe" eigentlich gegen ihn hatte und nun doch verärgert, wandte er sich an Gaby:

„Du, mir gefällt hier einiges nicht an diesem Tisch und ich fühle mich auf diesem Platz nicht wohl. Ich setze mich dort an den freien Tisch."

Er nahm sein Bierglas und setzte sich an den freien Tisch. Augenblicklich folgte ihm Gaby, nicht ohne Dr. Kneer zornig zuzuzischen:

„Du verhältst dich vollkommen unmöglich, lass mich ja in Zukunft in Ruhe!"

Dr. Kneer bekam einen roten Kopf, plusterte sich auf und rief ihr nach:

„Lass dich doch von so einem Großschwätzer und Blender nicht beeindrucken!"

Eisernes Schweigen der Übrigen. Dann packte Dr. Kneer sein Glas und verließ demonstrativ den Saal.

Bei der nächsten Pause kam Peter Haller auf Ralf zu, begrüßte ihn herzlich und gab ihm den Tipp:

„Der Dr. Kneer ist auch Witwer und wohl ein Verehrer von Gaby. Mir scheint es, er ist eifersüchtig auf dich, obwohl man den Eindruck hat, dass Gaby gar nichts mit ihm zu tun haben will. Außerdem ist er ein ziemlich konservativer ‚Knochen'. Er ist Mitglied in der UPD, die sich in ihrer Gesinnung nicht viel von der NPD unterscheidet. Kümmere dich nicht um ihn. Er ist hier nicht sehr beliebt. Übrigens, wann spielen wir einmal zusammen Tennis?"

Sie verabredeten sich zum nächsten Mannschaftstraining. Am Ende der Veranstaltung kamen fünf der Mitglieder auf Ralf zu, setzten sich an seinen Tisch und sie verabredeten einen ersten gemeinsamen Kartenabend im „Bären". Folgende Personen hatten sich gemeldet: Uwe Frenzel, der Leiter der Gruppe und ehemaliger Schulleiter der Realschule, Ingo Reich, ein noch aktiver Rechtsanwalt, Nico Schwarz, Ralfs Tenniskamerad Peter Haller, ein drahtiger braungebrannter Sportlertyp, der immer noch ein eigenes Architekturbüro betrieb und der gut aussehende kath. Pfarrer Erich Brause, genannt Pater Erich, der jüngste der Gruppe mit 51 Jahren. Ihm flogen dank seines Omar Sharif – Aussehens sicherlich viele der Frauenherzen seiner Kirchengemeinde zu. Mit ihm zusammen waren sie nun sechs Personen, das gab zwei Skatgruppen und alle freuten sich auf ihre erste Kartenrunde. Nachdem sie sich auf den Freitagabend als Kartenabend geeinigt hatten, klopfte Rechtsanwalt Ingo, elegant gekleidet, selbstsicher und ein guter Redner, an sein Glas und gab für die übrigen bekannt:

„Wir haben jetzt tatsächlich sechs Personen für zwei Skatrunden gefunden. Nun ist es nicht so, dass das Skatspielen eine reine Männersache wäre. Wenn es ein paar Damen gibt, die auch gerne Skat spielen, so wären sie hochwillkommen. Bitte bei einem von uns melden. Es gäbe auch die Möglichkeit, dass wir an dem Freitag, an dem wir Männer Skat spielen, einen allgemeinen Kartenabend einrichten, wo die Damen z.B. Binokel oder Rommé spielen könnten. Sprecht euch ab und wenn ihr wollt, könnt ihr schon am nächsten Freitag mit dabei sein!"

Am späten Abend gingen sie nach Hause, nachdem Ralf bei seinen neuen Skatbrüdern eine Einstiegsrunde Schnaps bezahlt hatte. Besonders herzlich verabschiedete sich Gaby von Ralf und sagte scherzhaft:

„Wenn ich es recht bedenke, habe ich doch eigentlich Glück gehabt, dass mein Auto zum richtigen Zeitpunkt und am richtigen Ort nicht angelaufen ist. Ich melde mich mal wieder."

Beim ersten Kartenabend waren alle sechs angemeldeten Kartenspieler anwesend und dazu noch zusätzlich Rolf Bauer, der Chef eines Flaschnerbetriebs war. Das war kein Problem. denn sie spielten dann eine Dreier - und eine Viererrunde aus, bei der eben immer einer aussetzen musste. Zusätzlich vereinbarten sie, dass sie um einen geringen Geldbetrag spielen wollten und der Betrag in eine Kasse kam, mit dem sie einen Ausflug durchführen wollten. Ganz besonders freute sich Ralf, als die Türe aufging und Gaby mit zwei anderen Frauen erschien.

Spontan sprang Ralf auf und begrüßte Gaby freudig:

„Toll, spielt ihr auch beim Skat mit?"

„Vorerst einmal nicht. Lilly und ich können zwar etwas Skat spielen, aber wir sind, glaube ich, für euch nicht gut genug. So werden wir, das ist noch Renate, eine Freundin von mir, vorerst eine Runde binokeln und bei euch etwas ‚kiebitzen', damit wir sehen, wie es abläuft."

„Auch gut, aber wir hätten euch auch gerne mitspielen lassen. Jeder von uns macht Fehler und keiner wird deshalb kritisiert werden," versuchte Pater Erich, sie noch zu überreden." „Das sagen sie alle, aber aus Erfahrung beim Kartenspielen mit meinem früheren Ehemann habe ich da schon anderes erlebt," wehrte Lilly lachend ab.

Sie spielten etwa 3 Stunden und die Zeit verging wie im Fluge. Als sie mit Spielen fertig waren, saßen alle noch eine Weile zusammen. Pater Erich rückte dann mit seinem Anliegen heraus, mit dem er sich an seine Mitspieler und vor allem an Ralf wandte.

„Ich habe mit Uwe über deine Vorstellungsrede gesprochen, und aus meinen Erfahrungen bei meiner Gemeindearbeit gäbe es da schon ein paar Punkte, die wir aufgreifen und für bestimmte Leute anbieten könnten. Das wäre ein Gewinn für die betreffenden Personen und für unsere 60 plus - Gruppe". Sofort hakte Ingo, der Rechtsanwalt nach:

„An was denkst du denn konkret?"

„Da wären zuerst einmal die Asylanten da, die Hilfe bräuchten. Wir sollten jemanden haben, der aus unserer Gruppe bei dem Freundeskreis „Asyl" mitmacht und deren Bedürfnisse auslotet. Ich weiß, dass sie im Augenblick auf der Suche nach Fahrrädern und Fahrradhelmen sind und nach Personen, die mit ihnen wöchentlich zum Einkaufen fahren. Auch manche Möbel würden noch fehlen."

Nun mischte sich Gaby ein.

„Das könnten doch wir übernehmen oder nicht?" fragte sie ihre Spielkameradinnen. Diese waren sofort dabei, und Nico, der frühere Bürgermeister, erklärte sich bereit, im Stadtanzeiger jeweils die noch fehlenden Möbel bekannt zu geben. Uwe fuhr fort:

„Wir dürfen auch unsere deutschen Mitbürger nicht vergessen. Sonst kommen gleich wieder Vorwürfe aus einer bestimmten Ecke, die wir gar nicht gebrauchen können. Wie wäre es denn, wenn wir eine feste monatliche Sprechstunde einrichten, die dann, je nach Sachfragen Ingo, unser Rechtsanwalt oder Nico abhalten könnten?"

Ralf erklärte sich bereit, ebenfalls über Patientenverfügungen, Vollmachten zu beraten und beim Ausfüllen von Formularen und bei Behördengängen behilflich zu sein.

„Toll!" freute sich Pater Erich, „das ist für den Anfang schon ganz gut. Wir müssen unsere Pläne noch in unserer Hauptversammlung nächsten Monat absprechen, sonst laufen wir Gefahr, ein Verein im Verein zu werden. Außerdem bräuchten wir noch einen Raum für die Sprechstunden."

„Kein Problem," kam es von Ingo. „Ich habe in meinem Haus neben meinen Besprechungszimmern in der Anwaltskanzlei noch einen Raum frei. Den kann ich zur Verfügung stellen. Dann brauch ich auch nur von meinem Büro rüberzuwechseln, wenn ich an der Reihe bin."

Sie vereinbarten, dass sie ab April mit den Aktionen beginnen wollten, und Ingo sollte dies vorher schon im Stadtanzeiger bekannt machen.

Einstieg im Tennisclub

(April 2010)

Ralfs erster Besuch beim Training seiner neuen Tenniskameraden stand an. Er war vorher schon an jedem Tag in aller Frühe aufgestanden und hatte eine Stunde lang gejoggt. Ihm war klar, dass er konditionelle Rückstände hatte, weil er 2 Jahre lang nicht mehr gespielt hatte, während er seine Frau pflegte. Das Training fand bis Ende April in der Halle statt. Bei seinem ersten Trainingsbesuch wurde er erwartungsvoll von seinen neuen Mannschaftskameraden angeblickt. Peter hatte ihn schon angekündigt und vorgestellt. Ralf gab folgende Erklärung ab. „Ich habe jetzt zwei Jahre lang kein Tennis gespielt. Ich besitze keine Ballsicherheit und habe konditionelle Rückstände. Also seid etwas großzügig mit mir. Aber ich bin auch ehrgeizig, und ich kann euch versprechen, dass ich alles tun werde, um wieder in Form zu kommen bis zum Juni, an dem wir unser erstes Spiel austragen. Ob dies dann allerdings ausreicht, um an der Position 2, an der ich ja spiele, zu punkten, muss sich erst noch herausstellen. Da ich ja im Ruhestand bin, habe ich viel Zeit und wäre schon bereit, zwei - oder dreimal in der Woche zu trainieren. Dazu brauche ich allerdings Trainingspartner."

„Ist schon alles geklärt," warf Peter ein. „Ich habe dir die Namen mit Telefonnummern aufgeschrieben, die an bestimmten Tagen mit dir trainieren würden. Wir haben ja selbst Interesse, das wir in der hohen Klasse bestehen können und jeder will sich in Form bringen." Von Anfang war festzustellen, dass die Mannschaft Ralf mit offenen Armen empfing und sie ihn nicht etwa als lästigen Konkurrenten betrachtete, der irgendeinem den Platz wegnahm. Allen war klar, dass sie nur mit einer Verstärkung die hohe Klasse der Württembergliga halten könnten. Da sie knapp an Spielern waren und auch nicht das Geld besaßen, um noch einen ausländischen Spieler zu verpflichten, mussten sie froh sein, auf diese Weise umsonst eine Verstärkung zu erhalten. Für den Trainingsabend hatten sie zwei Hallenteile für zwei Stunden belegt und spielten jeweils eine halbe Stunde Einzel und den Rest Doppel. Ralf bat darum, zuerst einmal mit dem Einzel zu beginnen, um wieder ein Gefühl für die Bälle zu bekommen. Er spielte sich ein mit der unumstrittenen Nummer 1, Stan, einem Tschechen, der sich nach Deutschland verheiratet hatte., wo er sein Geld durch Trainerstunden eben beim TC Bührstadt verdiente. Bereitwillig gab er Ralf einige wertvolle Tipps und war auch bereit, mit ihm in den nächsten Wochen zu spielen. Beim Doppel lief es für Ralf schon wieder ganz gut, weil sein Aufschlag immer besser kam und sein Volleyspiel auch passte. Nach seiner Einschätzung sah die Stärke der Spieler folgendermaßen aus: Stan war auf jeden Fall die Nummer 1, er selbst, wenn er wieder zu alter Form fand, die Nummer 2 und Peter die Nummer 3. Ein Abfall gab es dann schon zu den Spielnummern 4 – 6, aber das war ja bei anderen Mannschaften auch nicht viel anders. Bei den Trainingsstunden, in denen er zusammen mit Stan spielte, bereitete dieser ihn vor allem auf das Spiel gegen den ersten Gegner Crailsheim vor, bei dem er gegen einen Kroaten spielen musste, der gnadenlos Serve und Volley spielte. „Du musst damit rechnen, dass er sofort nach dem Aufschlag ans Netz vorkommt. Das bedeutet, deine Returns müssen ihm knallhart vor die Füße gespielt werden, so dass es für ihn schwer wird, sie als Volley zu setzen. Nur wenn du ihm ein Aufschlagspiel abnimmst, hast du eine Chance zu gewinnen." Also schlug Stan fast die ganze Zeit gegen Ralf auf, marschierte danach ans Netz und Ralf versuchte ihn bei seinen Returns zu passieren.

Gespannt wartete die ganze Mannschaft auf ihr erstes Verbandsspiel. Würden sie wohl mithalten können oder gab es gleich zu Anfang eine vernichtende Niederlage?

Es war ein herrlicher Samstagnachmittag als sie zu ihrem ersten Heimspiel Anfang Juni gegen Crailsheim antraten. Dieses Spiel war richtungsweisend, weil die Crailsheimer auf Grund ihrer Leistungsziffern, die die Spielstärke eines jeden Spielers bezeichneten, zwar nicht zu den Favoriten, aber doch zu den Mannschaften gehörten, die man im Mittelfeld erwarten konnte. Und, das sollte noch einmal erwähnt werden, Ralfs Mannschaft hatte nur ein Ziel, nämlich den Klassenerhalt zu schaffen. Dazu mussten aller Voraussicht nach mindestens zwei Spiele gewonnen werden, weil zwei Mannschaften abstiegen. Als er an der Tennisanlage mit den sechs Sandplätzen ankam, war er überrascht, wie viele Zuschauer sich eingefunden hatten. Alle seine Skatspieler waren da und noch viele von der 60 plus - Gruppe. Peter Haller hatte kräftig die Werbetrommel in der Zeitung gerührt. Sie begannen auf drei Plätzen zu spielen, und Ralf musste gleich zu Beginn aufs Feld. Sein Gegner war wie vorausgesagt der Kroate, der auch wie Ralf das Serve- und Volleyspiel bevorzugte. Er schlug hart auf, marschierte sofort nach vorne ans Netz und „tötete "meist den Return. Auch Ralf war recht erfolgreich mit seinem Angriffsspiel und sie gingen im 1. Satz in den „Tie-Break." Sein Gegner schien sich bei Ralfs Angriffsspiel gar nicht besonders anzustrengen, sondern verließ sich auf seine eigenen Aufschlagspiele und rechnete damit, dass er den „Tie-Break" gewinnen würde. Leider geschah das auch mit einem Netzroller und Ralf lag nach dem 1. Satz unglücklich mit 1:0 zurück. Seine beiden Mannschaftskameraden, die Nummer 4 und 6, hatten ihr Einzel schon ziemlich deutlich abgeben müssen. Würde auch er eine Niederlage hinnehmen müssen, war wohl das ganze Match verloren. Ralf hatte sich nur auf sein Spiel konzentriert und die zahlreichen Zuschauer, die an seinem Platz standen, während des Matches kaum wahrgenommen. Als er einmal an den Zaunrand lief, hörte er plötzlich eine Stimme, die rief:

„Auf Ralf, du schaffst das schon noch!"

Er blickte verblüfft auf und sah Gaby, die ihm zuwinkte und ganz fasziniert das Spiel verfolgte. Nun war sein Ehrgeiz noch mehr geweckt. In der Pause nach dem 1.Satz kam Stan zu ihm und sie überlegten, was zu tun sei.

„Eigentlich ist es ganz einfach. An deinem Aufschlagspiel brauchst du nichts zu verbessern, aber dein Returnspiel muss noch etwas besser werden, so wie wir es viele Stunden geübt haben. Geh einmal noch weiter aus dem Feld, dass du mehr Zeit zum Returnieren hast und probiere ihm nach seinem Aufschlag deine Bälle flach vor die Füße zu spielen. Schau gar nicht auf den Gegner, sondern nur den Ball an. Du musst ihm einfach einmal sein Aufschlagspiel abnehmen. Wenn der Ball im Spiel ist, hast du klare Vorteile. Spiele dann hohe Topspinbälle auf seine beidhändige Rückhand. Mit denen kann er als „Beidhänder" nicht viel anfangen."

Noch mehr konzentrierte sich Ralf auf seine Returns. Anfänglich gelang es ihm nicht, sie flach vor die Füße des Gegners zu spielen und der 2. Satz schien wieder auf einen Tie-Break hinauszulaufen. Beim Stande von 6:5 für Ralf und Aufschlag des Gegners baute sich Ralf selbst auf: „Jetzt gilt's." Er schlug seine Returns so hart er konnte auf die Mitte des Platzes direkt auf den heranstürzenden Gegner und führte plötzlich mit 0:40. Sprechchöre mit „Ralf, Ralf" hatten sich gebildet und eine dichte Zuschauertraube stand um den Zaun. Sein Gegner schien beeindruckt und blieb bei seinem letzten Aufschlag nun hinten an der Grundlinie. Darauf hatte Ralf nur gewartet, weil er sich von der Grundlinie aus Vorteile erhoffte. Er streute einen hohen Topspinball auf die beidhändige Rückhand des Gegners ein, lief ans Netz und verwandelte den zu kurz geratenen Return unter Beifall der Zuschauer zum 1:1 Satzstand. Sein Gegner probierte es nun mit verschiedenen Tricks. Er humpelte zur Bank, ließ sich behandeln und versuchte Ralf aus dem Konzept zu bringen. Doch der kannte „Mätzchen" dieser Art von früheren Spielen her, ignorierte alle Nebensächlichkeiten und konzentrierte sich auf den fälligen Match-Tiebreak, der neuerdings an Stelle eines 3. Satzes ausgespielt wird und bis 10 Punkten geht. Wieder gelangen ihm zwei Returns vor die Füße des Gegners, die dieser nicht verwerten konnte. So stand es 9:6 für Ralf. Noch ein Punkt bis zum Sieg. Der Gegner schlug auf und als Ralf den Ball ins Feld zurückspielte, gab er den Ball aus. Ein Aufschrei unter den Zuschauern und dann gellende Pfiffe. Jeder hatte gesehen, dass der Ball „gut" war. Doch der Gegner bestand darauf, dass er auf seinem Feld entscheide und bleib bei seiner Entscheidung, indem er einen falschen Abdruck zeigte. Nur noch 9:7 für Ralf. Die Zuschauer skandierten mit rhythmischem Klatschen:

„Ralf, Ralf, Ralf!"

Ralf ließ sich nicht aus der Ruhe bringen. Als er seinen zweiten Aufschlag geschlagen hatte, unterbrach der Gegner und reklamierte einen Fußfehler von Ralf, den sein Gegner von seiner Grundlinie aus niemals sehen konnte. Stan zischte Ralf zu:

„Verlang einen Schiedsrichter!"

Ralf hob die Hand und rief zum Mannschaftsführer des Gegners:

„Schiedsrichter!"

Den durfte den Regeln nach die Gästemannschaft stellen. Der Schiedsrichter nahm Platz auf dem Schiedsrichterstuhl. Langsam holte sich Ralf die Tennisbälle und konzentrierte sich auf seinen Aufschlag. Den ersten Ball schlug er ins Aus. Beim zweiten Ball provozierte ihn der Gegner und ging, um ihn zu verunsichern, weit ins Feld kurz hinter die T-Linie. „Jetzt oder nie," dachte Ralf und setzte alles auf eine Karte. Er schlug seinen zweiten Aufschlag mit vollem Risiko hart wie einen ersten Aufschlag. Und tatsächlich, der Aufschlag war im Feld und wurde unerreichbar für den Gegner. 10:7 für Ralf. Grenzenloser Jubel bei den Bührstädter Zuschauern. Sie stürmten den Platz und als erste lag Gaby in seinen Armen. Danach wurde er von den zahlreichen Zuschauern förmlich begraben. Stan kam auch kurz zu ihm rüber, bevor er mit seinem Einzel begann, gratulierte ihm und meinte anerkennend:

„Eine taktische Meisterleistung. Entscheidend war, dass du die Ruhe bewahrt hast und dich von ihm nicht hast verrückt machen lassen."

Stan und Peter konnten auch ihre Einzel und Ralf und Peter, sowie Stan mit der Nummer 6 ihre Doppel gewinnen, so dass das Gesamtergebnis 5:4 für Ralfs Mannschaft lautete. Ein rauschendes Fest mit viel Freibier, das der erste Vorsitzende ausgab, wurde gefeiert. Ralf musste seine Gitarre holen und sie sangen wie die Stare. Die ganze Zeit wich Gaby nicht von seiner Seite und bekundete damit auch in der Öffentlichkeit ihre Zugehörigkeit zu Ralf. In dem Bericht, den Peter in den nächsten Tagen in die Zeitung setzte, wurde ein Porträt von Ralf in die Zeitung gestellt, seine Verdienste für den Sieg gewürdigt und auch seine Schriftstellertätigkeit erwähnt. Wenn er einkaufte, merkte er, dass ihn die Leute erkannten und freundlich grüßten. Insgesamt beendeten sie die Tennisrunde mit einem guten Mittelplatz, mit dem sie ihr Saisonziel erreicht hatten. Damit war Ralf endgültig in seiner neuen Heimat angekommen.

Humor ist die beste Medizin

(Ende 2012)

Zwei Jahre waren seit dem Tennismatch vergangen. Ralf hatte sich in Bührstadt gut eingelebt.

Er fühlte sich wohl in seiner neuen Wohnung und kam mit den Mitbewohnern gut aus. So schippte er für seine Mitbewohnerin Frau Fischer den Schnee, wenn sie Räumdienst und half den übrigen, wenn sie Probleme mit Ämtern oder dem Ausfüllen von Formularen hatten. Das Verhältnis zu Gaby wurde immer enger, und sie waren seit geraumer Zeit ein Liebespaar. Immer wieder fragte sie ihn, ob er nicht zu ihr in ihr viel zu großes Haus ziehen wolle, in dem sie alleine lebte. Bisher hatte er ihren Wunsch immer abgelehnt mit der Bemerkung.

„Lass mir noch etwas Zeit."

Aber ihm war klar, dass er irgendwann eine Entscheidung treffen musste. Was er ihr nicht mitteilte, waren seine Planungen, die er im Geheimen immer noch zum Thema „Senioren WG" verfolgte. Er konnte sich durchaus vorstellen, zusammen mit Gaby und einigen Personen von seiner 60 plus - Seniorengruppe diese Idee zu verwirklichen. Häufig lud Gaby Ralf am Sonntag zum Essen ein, dazu kam dann auch ihre Tochter Petra mit ihrem Ehemann und ihren beiden Töchtern. Ralf verstand sich mit Petra und den Mädchen sehr gut und Petra hatte ihn auch schon ganz direkt angesprochen:

„Weißt du Ralf, seit meine Mutter mit dir zusammen ist, geht es ihr viel besser. Sie ist richtig aufgelebt und ist für alles Mögliche aufgeschlossen. Es wundert mich zwar, dass es so gut mit euch klappt, denn du bist ein ganz anderer Typ als ihr früherer Ehemann, mein Papa. Er war ein Mann des Ausgleichs, immer bedächtig, ja manchmal sogar zu zögerlich. Du aber bringst viel Power mit und sprühst vor Ideen. Aber vielleicht ist es gerade der Unterschied zwischen euch beiden, was sie an dir fasziniert. Warum zieht ihr nicht zusammen, das wäre für mich sehr beruhigend? Ihr versteht euch doch prächtig. Das Haus ist doch für sie ganz alleine viel zu groß. Zusammen mit dem Garten kann sie das nicht alleine schaffen, und ich habe auch nicht viel Zeit."

Er hatte ausweichend geantwortet, dass er noch andere Planungen für sein Leben habe, er aber diese in jedem Fall zusammen mit Gaby verwirklichen wolle.

„Ich werde in nächster Zeit meine Ideen offenlegen."

Über sein Verhältnis zu Gaby war ihm schon klar, dass er bald eine Entscheidung treffen musste. Es war unbestritten für ihn, dass er sich mit ihr wohler fühlte, als wenn er alleine lebte. Nun waren zwei Jahre seit dem Tode von Karin vergangen. Er war ein Mann, der sich nicht nach dem Gerede der anderen richtete oder auf Konventionen achtete. Ihm war es vollkommen egal, ob andere darüber lästerten, dass er sich jetzt nach der relativen kurzen Zeit seit dem Tode Karins wieder eine Lebenspartnerin gesucht hatte und nicht längere Zeit verstreichen ließ. Seine Ehefrau hatte ihm noch auf dem Sterbebett mitgeteilt, dass sie davon ausgehe, dass er eine neue Beziehung beginne. Es würde für seine Karin keine Rolle spielen, ob er nun nach ein paar Monaten oder nach ein paar Jahren wieder eine neue Beziehung begonnen hatte. Für seine Karin war das egal, es ging um ihn und um Gaby. Hatte er den Tod von Karin schon überwunden, und war er bereit für eine neue Beziehung? Würde er nicht laufend in allem, was Gaby tun würde, Vergleiche mit Karin anstellen? Er war sich dieser Gefahr bewusst, wollte deshalb auch noch nicht gleich mit ihr zusammenziehen, aber eigentlich war es auch für ihn offensichtlich, dass, wenn er an sein eigenes Weiterleben dachte, Gaby für ihn ein ganz wichtiger positiver Faktor darstellte. Nicht jedem Mann war es vergönnt, in seinem Leben mit zwei so wunderbaren Frauen eine Beziehung einzugehen, wie es bei ihm mit Karin und Gaby der Fall war. Und er würde wohl diese Chance nicht verstreichen lassen, das wurde ihm immer klarer.

Die 60 plus - Seniorengruppe hatte sich prächtig entwickelt. Die besprochenen Maßnahmen schlugen voll ein und wurden angenommen, ja sogar noch erweitert. Dr. Kneer war aus ihrer Gruppe ausgeschieden, was kaum einer bedauerte. Ein verstorbenes Mitglied ihrer Gruppe hatte ihnen eine Spende von 50 000 € vermacht, mit der sie einen Minibus kauften und diesen als Bürgerbus nutzten für Bürger ohne Auto, die sich für einen Betrag von 1 € bei Einkaufsfahrten transportieren ließen. Immer drei Mann von ihnen wechselten sich als Fahrer ab. Auch die Kartenrunde hatte sich vergrößert und es waren noch drei Skatspieler und drei Damen dazugestoßen. Doch im Wesentlichen trugen drei Ereignisse in den folgenden zwei Jahren dazu bei, dass er seinem geheim gehegten Wunsch „Seniorenwohngemeinschaft", ab jetzt Senioren WG genannt, näherkam.

Zur dritten Jahresabschlussfeier seit seiner Ankunft hatten Ralf zusammen mit Nico und Gaby den von ihm geschriebenen folgenden Sketch aufgeführt mit dem Titel" *Humor ist die beste Medizin*".

Sketch: „Humor ist die beste Medizin"

von Ralf Rein

Es spielen: Prof. Lach, Ehepaar Frau Lustig und Herr Lustig, Ansager

Dauer: 30 Minuten

Kulissen: Rednerpult, ein Tisch, zwei Stühle, 2 Gläser, Weinflasche

Ansager:	Liebe 60 plus - Mitglieder, ich darf Ihnen heute eine Koryphäe seines Faches, Prof. Lach vorstellen. Er ist an der Universität Buxtehude Professor für angewandte Humorlehre, Fachbegriff „Gelotologie" und seine Bedeutung für das menschliche Leben. Das ist die Wissenschaft des Lachens. Sie beschäftigt sich mit den körperlichen und psychischen Aspekten des Lachens. Viel Vergnügen!
Prof Lach:	Einen schönen guten Abend liebe 60 plus - Senioren. Ich freue mich ganz besonders darüber, dass ich eingeladen wurde, um heute Abend bei Ihnen über die segensreiche Wirkung des Humors auf Gesundheit und Geist, gerade bei den älteren Menschen, zu referieren. Nicht allen ist bekannt, was aber längst wissenschaftlich nachgewiesen wurde, dass

- Lachen gewissermaßen Joggen im Sitzen ist. Wenn Sie heute aufgeschlossen sind, dann können Sie locker einige km zurücklegen
- Humor die wichtigste Fähigkeit des Menschen ist, um den Unzulänglichkeiten der Welt, den alltäglichen Schwierigkeiten und Missgeschicken mit heiterer Gelassenheit zu begegnen.

Diese Fähigkeit zu erwerben ist für ältere Menschen von großer Wichtigkeit, denn sie ist nicht angeboren, sondern man muss sie erlernen. So konnte man nachweisen, dass Kinder 400-mal am Tage lachen, Erwachsene aber nur noch 15-mal. Sie merken, wo der Schuh drückt. Doch ist deutschen Humor auch ein echter Schlankmacher, denn man muss meilenweit laufen bis man ihn antrifft Aus diesem Grunde halte ich seit 15 Jahren an meiner Universität Seminare zu dieser Thematik ab und darf Ihnen versichern, mit großem Erfolg. Wir bilden zum Beispiel schon seit Jahren Clowns für den Einsatz in Kliniken und Altenheimen aus. Der Erfolg unseres Tuns schlägt sich auch heute schon nieder in zu Klassikern gewordenen Redensarten, die Ihnen alle bekannt sind wie:

Humor ist, wenn man trotzdem lacht.
Humor ist die beste Medizin und
Ein Tag, an dem man nicht gelacht hat, ist ein verlorener Tag.

Und gerade im Schwabenland von großer Wichtigkeit ist schließlich: auch noch:

Humor ist die einzige Medizin, die nichts kostet und die ganz leicht einzunehmen ist.

Aber die tiefenpsychologischen, positiven Auswirkungen des Humors sind noch viel weitreichender als sie in diesen Sprichwörtern zum Ausdruck kommen, wie ich ihnen gleich beweisen werde.

Auch medizinisch ist längst erwiesen, dass
- Beim Lachen die Skelettmuskulatur und die Durchblutung verbessert wird und die Lymphflüssigkeit sich schneller durch den Körper bewegt
- Lachen das Immunsystem steigert
- Durch Lachen negative Gedanken gestoppt und die Menschen optimistischer gestimmt werden -

Ich will versuchen, meine Ausführungen mit praktischen Beispielen zu belegen, und die Beispiele sind größtenteils dem Kreis der 60 plus - Mitglieder entnommen. Mein Vortrag ist aufgeteilt in folgende Punkte:

Vom Nutzen des Humors für Psyche und Wohlbefinden des Zuhörers -

Humor gewissermaßen als Überlebensstrategie für uns ältere Menschen -

Wann ist ein Witz gut? –

Wie muss ein Witz erzählt werden? -

Legen wir doch gleich los und werden konkret.!

Witz 1:   Die 60 plus - Senioren fahren zum Ausflug nach Ulm. Sie steigen in den Bus ein. Zwei ältere Damen nehmen nebeneinander auf den Bussitzen Platz.

Sagt die eine zu der anderen. „Ich weiß genau, dass ich Sie schon seit fast 50 Jahren kenne. Aber Sie werden es nicht glauben. Mir fällt einfach Ihr Name nicht ein. Schrecklich, nicht?" Erwidert die andere: „Ach, so schlimm ist das nun auch wieder nicht. Es geht ja manch anderen auch so und man hilft ja gerne. Bis wann müssen Sie denn meinen Namen wissen?"

Prof. Lach: Einige unserer Zuhörer haben gelacht. Das könnte zwei Gründe haben:
Sie finden den Witz gut und bekunden dies mit ihrem Lachen. Ein anderer Grund wäre aber auch denkbar: Sie wollen mit ihrem Lachen etwas be-

weisen. Nämlich sie klopfen sich gewissermaßen selbst auf die Schulter und bestätigen vor sich und der Umgebung ihre Klugheit, den Witz kapiert zu haben. Ihr Selbstwertgefühl steigt dabei enorm.

Auch wird natürlich bei Witzen, wo es um das Verstehen der Pointe geht, die Denkfähigkeit und Kombinationsgabe besonders geschult, zwei im Alter wichtige Eigenschaften.

Was ist aber nun mit den armen Schweinen, die die Pointe nicht verstanden haben?

Ja nun, da gibt auch zwei Möglichkeiten. Entweder sie lachen sicherheitshalber einmal mit (wie die Hälfte der Lacher vorhin. Das sind die Unsicheren, die nach dem Motto tarnen und täuschen vorgehen) oder sie lachen wirklich nicht (das sind die Ehrlichen aber leicht Unterbemittelten) die nun mit dem Makel behaftet sind, eine „lange Leitung" zu haben. Manche von denen könnten sich noch selbst trösten mit schlauen Sprüchen wie

Die Intelligenz verfolgt mich zwar ständig, aber ich bin schneller.

Ich als Unbeteiligter will mich zum Thema „Intelligenz" einfach nicht äußern.

Wer so einen Spruch hinbekommt, ist auch noch nicht auf verlorenem Posten.

Für das arme Schwein, das auch einen derartigen Spruch nicht parat hat, ja dem kann ich nur ganz dringend empfehlen, besuchen Sie mein Humorseminar.

Doch fahren wir fort in unseren lebenspraktischen Unterweisungen.

Witz 2:   Unser 60 plus Senioren –Fahrer des Minibusses kommt zurück von den Einkaufsfahrten und fährt

recht zügig durch eine Radarkontrolle mit 100 km bei Bührstadt, wo an sich nur 50 km erlaubt sind. Eine Polizeikontrolle „blitzt" ihn und möchte ihn stoppen. Aber er denkt: „Ich kann es meiner 60 plus - Seniorengruppe nicht antun, eine Strafe zu bezahlen und sie zu schädigen." Er tritt aufs Gas und fährt mit vollem Rohr weiter Richtung Geislingen. Ein Polizist schwingt sich in seinen BMW und verfolgt ihn mit Blaulicht und Martinshorn. Er ist natürlich schneller und schnappt ihn vor der nächsten Ortschaft, wo seine Kollegen, die er mit Funk angerufen hat, eine Barriere errichtet haben. Der Fahrer steigt aus dem Auto und steht kleinlaut vor dem Polizisten. Dieser teilt ihm mit: „Ich habe ja schon viel erlebt, aber dass ein alter „Kracher" wie Sie so durch die Gegend „brettert", das ist mit noch nie vorgekommen. Und es hilft gar nichts, das sage ich Ihnen gleich, wenn Sie...........Aber ich will Ihnen eine Chance geben, weil ich morgen in Urlaub fahre und nicht noch Berichte und Strafzettel ausfüllen möchte. Wenn Sie mir einen guten Grund und eine Ausrede für ihr schnelles Fahren nennen, die ich noch nie gehört habe, dann lasse ich sie ohne Strafzettel davonkommen". Der Fahrer überlegt kurz, dann beginnt er:
„Sie müssen einfach folgendes wissen: Vor 20 Jahren ist meine Frau mit einem Polizisten fremdgegangen und abgehauen. Und ich als ich nun Sie mit dem Polizeiwagen hinter mir herfahren sah, habe ich gedacht, Sie wollen sie mir wieder zurückbringen."
Um nicht in den Verdacht zu kommen, frauenfeindlich zu sein, muss ich zum Ausgleich noch

einen Witz anschließen, der auch sehr lehrreich ist.

Witz 3 Kommt ein Mann in die Buchhandlung „Ruckdeschl" und verlangt das Buch „Das starke Geschlecht". „Können Sie mir sagen, wo ich es finden kann?" Frau Ruckdeschl antwortet: „Schauen Sie einmal hinten links nach in der Märchenabteilung?"

Dr. Lach: In diesen beiden Fällen geht es weniger ums kapieren, trotzdem amüsieren sich viele bei diesen beiden Witzen köstlich. Das hat seinen Grund und dieser ist sehr einfach: Sie sind schadenfroh und gönnen der ihnen übergeordneten Behörde oder Herrschaft (dazu zähle ich auch Ehemann, Ehefrau, andere Minderheiten wie Ostfriesen, Österreicher, Blondinen) mal so eine richtige Abreibung. Das tut der Seele einfach gut und hebt die Stimmung. Denn wie sagt doch der Volksmund: *Schadenfreude ist die schönste Freude.* Und einmal am Tag so richtig aufgebaut zu werden, indem man sich über das Pech eines anderen freuen darf, ist für die eigene Psyche geradezu unverzichtbar. Wir merken uns aber auch: Es ist unmöglich witzig zu sein, ohne dass ein bisschen Boshaftigkeit dabei ist. Die Boshaftigkeit eines Witzes ist der Widerhaken, der ihn haften lässt. Und boshaft sein zu dürfen, ohne deshalb ein schlechtes Gewissen haben zu müssen, ist unheimlich aufbauend, wird doch dabei eine an sich verpönte Gefühlsregung legalisiert.

Nun, und das wissen Sie selbst natürlich am besten, Witze müssen auch richtig erzählt werden, sonst kommen Sie nicht an. Dazu zwei Beispiele: Ein Bekannter hat mir und einer sehr guten Bekannten von mir folgenden Witz erzählt:

Witz 4: Ein Anruf geht auf einer Polizeistation ein. Der diensthabende Beamte meldet sich: „Polizeistation Bührstadt." Er hört folgenden Wortlaut: „Auf dem Bahndamm liegt ein Gleis". "Komischer Heini", denkt der Polizist und antwortet: „Dort gehört es ja auch hin". Er legt auf. Nach einer Viertelstunde kommt wieder der Anruf: „Jetzt ist Gleis tot."

Sie merken, hier muss man den Witz zuerst einmal wieder kapieren und dabei erkennen, dass nur ein Chinese angerufen haben kann, denn nur der kann kein „r" sprechen und nimmt dafür ein „l". So weit ist eigentlich alles klar. Nun, meine Bekannte und ich sind einige Tage später mit Freunden zusammengesessen. Ich muss kurz erwähnen, dass sie sich für eine glänzende Witzeerzählerin hält und deshalb auch häufig Witze in der Runde beisteuert. Denn eines ist auch erwiesen. Ein guter Witz setzt immer ein gutes Publikum voraus, darum kann man ihn auch nicht für sich behalten. Doch beim Erzählen legt man auch wieder vor anderen offen, ob man die Pointe eines Witzes wirklich verstanden hat. Unsere Bekannte begann bei dem vorliegenden Witz folgendermaßen: „Ich habe einen ganz tollen Witz. Der ist einfach zum Totlachen." Also ich empfehle bei der Erzähltechnik eigentlich nicht, dass sich der Erzähler schon vorher halb totlacht oder immer wieder betont wie toll der Witz sei. Das sollten die Zuhörer eigentlich schon selber merken. Aber zurück zu meiner Bekannten: Sie erzählte weiter - (ich wollte es kaum glauben) tatsächlich mit dem Satz: „Also ein Chinese ruft auf einer Polizeistation an."

Das tat so richtig weh.

Witz 5 Ein zweites Beispiel hierzu. Drei Skatspieler von der 60 plus - Seniorengruppe, (heute längst im Rentenalter) geben gerne an unserem Spielnachmittag im „Café Filsblick" folgende wahre Begebenheit aus ihrer Jugendzeit zum Besten:

Nach dem Abitur im Geislinger Helfensteingymnasium drohte der Einzug zur Bundeswehr, zu der keiner gehen wollte, weil sie zusammen zum Studium nach Schwäbisch Gmünd gehen wollten, um auch während des Studiums weiterhin Skat zu spielen. Für Rolf war gleich klar, dass er bei der Musterung versuchen würde, als untauglich eingestuft zu werden. Mit seinem Bandscheibenvorfall werde er niemals eingezogen. Peter hatte anscheinend einen angeborenen Herzklappenfehler, der natürlich auch zur Ablehnung des Wehrdienstes führen musste. Nur Fred konnte beim besten Willen nichts vorweisen. Sie zermarterten sich den Kopf nach Lösungsmöglichkeiten, fanden aber lange Zeit kein wirklich vorzeigbares Leiden für Fred. Endlich sagte Rolf: „Es hilft alles nichts, du musst einfach ein Opfer bringen, sonst wird das nichts. Wie wäre es denn, wenn du dir alle Zähne ziehen lassen würdest und angibst, dass du an krankhaftem Zahnausfall leidest. Ohne Zähne kannst du ja bei der Bundeswehr nichts essen und verhungern können sie dich auch nicht lassen."

Zwar wehrte sich Fred lange dagegen, aber endlich willigte er ein und ließ sich alle Zähne ziehen. Der große Tag der Musterung kam. Sie traten zu dritt beim Bundeswehrarzt in Ulm an. Zuerst musste Rolf ins Zimmer des Bundeswehrarztes. Schon nach 10 Minuten kam er mit einem breiten Grinsen und dem Victoryzeichen heraus. Dann war Peter an der Reihe. Auch bei ihm dauerte nicht viel länger. „Alles glatt gelaufen, Bundeswehr ade! Fred bei dir klappte es sicherlich genauso gut!" Jetzt ging Fred ins Arztzimmer. Es dauerte und dauerte. Nach einer Dreiviertelstunde kam er wieder mit todunglücklichem Gesicht heraus.

Peter stieß Rolf an und flüsterte: „Scheiße, ist wohl schiefgelaufen."

Doch Fred schüttelte den Kopf und sprach so gut er das ohne Zähne konnte: „Bin nicht tauglich".

Peter: „Nicht tauglich? Ja, warum machst du dann so ein unglückliches Gesicht? Du musst doch überglücklich sein". Doch Fred schüttelte nur den Kopf. „Glücklich? Der Arzt hat festgestellt, ich bin zu dick."

Aber was lernen wir daraus? Alle Witze basieren auf einer Pointe, die überraschend sein muss, wo man vorher vielleicht sogar absichtlich aufs falsche Gleis geführt wird um dann um so mehr vom Ende überrascht zu werden. Das ist meiner guten Bekannten beim vorigen Witz ja wohl toll gelungen. Soll ich Ihnen erzählen, wie ihre Einleitung bei dem eben gehörten Witz lautete.

Sie fängt so an: „Also drei Freunde wollen nicht zur Bundeswehr und suchen Gründe für die Ablehnung: Rolf hat einen Bandscheibenvorfall, Peter einen Herzfehler und Fred ist zu dick". Weiter brauche ich wohl nicht zu erzählen.

Nun meine Damen und Herren, wir arbeiten an meiner Uni nach den neuesten wissenschaftlichen Methoden und wollen die Richtigkeit unserer Thesen immer an praktischen Beispielen aufzeigen. So haben wir als eine Art Kontrollgruppe aus dem 60 plus - Seniorengruppe ein Ehepaar mit hinzugezogen, an dem wir die Richtigkeit meiner Thesen aufzeigen wollen.

Um also nun noch mehr über die richtige Erzähltechnik von Witzen zu lernen und nicht die gleichen Fehler wie meine gute Bekannte zu machen, darf ich Ihnen jetzt das Ehepaar Lustig vorstellen. Ich habe sie gebeten, sich einen Lieblingswitz auszusuchen, den sie Ihnen präsentieren werden. (*Sie kommen auf die Bühne, Prof. Lach setzt sich zu ihnen an den Tisch.*) Ich selber kenne den Witz nicht. Ich bin so richtig gespannt, was wir daraus lernen werden. Also Frau Lustig wollen Sie anfangen?

Frau Lustig:	Nein, nein, das kann mein Mann viel besser. Liebling, fang du doch an!
Herr Lustig:	Ha, ha, einfach genial. Ich muss mich zuerst beruhigen. Dieser Witz ist wirklich zu köstlich. Also ein Ehepaar ist seit drei Jahren verheiratet und schwanger.
Frau Lustig:	Moment mal, schwanger ist nur sie, ein Mann kann nicht schwanger sein und seit 3 Jahren schon gar nicht.
Herr Lustig:	Klar, sag ich doch. Ist ja auch egal.
Frau Lustig:	Das ist nicht egal, wenn nämlich der Mann schwanger wäre, dann hätten wir ein Weltwunder

im „Täle" und die Geschichte gäbe doch gar keinen Sinn. Konzentrier dich endlich einmal!

Herr Lustig: Also das Ehepaar konzentriert sich endlich einmal, nein, es geht zusammen ins Kreiskranken-
haus nach Göppingen zur Entbindung.

Frau Lustig: Wieso geht? Eine schwangere Frau geht doch
nicht, sie wird immer gefahren und sie geht schon
gar nicht vom „Täle" bis nach Göppingen.

Herr Lustig: Sei doch nicht so pingelig, du mit deinen blöden
Einwürfen verdirbst mir den ganzen Witz!

Frau Lustig: Was heißt denn hier pingelig, bei einer Geburt
muss man schon genau sein, sonst wird das
nichts. Ich glaube, ich erzähl doch selbst weiter,
denn schließlich habe ich schon drei Kinder gebo-
ren und dir fehlen einfach die fundamentalsten
Kenntnisse zu dem Vorgang.

Herr Lustig: Von mir aus, wenn du meinst, du kannst das besser. Aber ich habe da so meine Zweifel.

Frau Lustig: Also sie kommen ins Arztzimmer und werden
dort vom Dr. Gebärmüller empfangen. Dieser be-
grüßt sie freudestrahlend und gibt Ihnen bekannt.
Wir haben da eine ganz neue Maschine. Es ist
meine Erfindung, auf die ich ganz besonders stolz
bin. Die Maschine beteiligt nämlich auch den Vater bei der Geburt.

Herr Lustig: Er sagt doch nicht beteiligt, er sagt: Die Maschine
überträgt ein Zehntel der Schmerzen auf den Va-
ter, so dass die Frau nur noch 90 % der Schmerzen
ertragen muss. (*Trinkt hastig aus seinem Glas*)

Frau Lustig: Quatsch, sagt er nicht, wir sind doch nicht im Ma-
thematikunterricht, wo man mit Bruch – und Pro-
zentzahlen rechnet. Lass mich weitererzählen,
schließlich ist es mein Witz.

Herr Lustig:	Eigentlich ist es doch mein Witz, schließlich habe ich angefangen.
Frau Lustig:	Du merkst ja selbst, dass du keine Witze erzählen kannst. Die Leute gähnen ja schon und langweilen sich, wenn du so ätzend erzählst. Du versaust ja völlig die Pointe. Lass mich also weitererzählen. Und trink nicht so viel! Immer kommst du mit so Nebensächlichkeiten, die doch gar keine Rolle spielen. Also weiter. Der Arzt schaltet die Maschine an. Er fragt den Ehemann: „Na wie ist es, können Sie die Schmerzen noch aushalten?" „Kein Problem, Sie können ruhig höher schalten", antwortet er
Herr Lustig:	Was erzählst du denn da? Das muss man ganz anders erzählen. Pass auf: Er gibt sich heldenhaft und sagt edelmütig. „Packen Sie ruhig noch ein paar Prozent drauf!"
Frau Lustig:	Gibt sich heldenhaft! Das hättest du gerne. Jeder weiß, dass Männer die größten Waschlappen sind, wenn es ums ertragen von Schmerzen geht. Jetzt ist aber Schluss mit deinen Unterbrechungen. Man verliert ja ganz den Zusammenhang. Ich bitte dich nun inständig, dass ich meinen Witz in Ruhe fertig erzählen darf.
Herr Lustig:	Es ist doch mein ... (*Sie winkt nur ab*)
Frau Lustig:	Ein für allemal Schluss. Jetzt bin ich dran. Nun schaltet der Arzt immer höher, der Mann hält wider Erwarten still. Am Schluss ist die Maschine beim Ehemann bei 90 %, dann bei 100 % angelangt, das Kind wird geboren und die Frau muss keinerlei Schmerzen ertragen.
Herr Lustig:	Kann man denn einen Witz noch schlechter erzählen? Du hast gar keine Spannung erzeugt. Der Zuhörer muss einen Genuss haben. Pass auf, das

macht man so: Gebannt starren beide auf die Maschine, der Zeiger geht nach oben, ihnen stockt der Atem, wann werden die Schmerzen beginnen? Man hört eine Stecknadel fallen, beiden rinnt der Schweiß von der Stirn, was werden die nächsten Minuten bringen?

Frau Lustig: Man hört eine Stecknadel fallen, so ein Unsinn. Das ist völlig unlogisch, Hast du schon einmal eine Stecknadel fallen hören? Du versaust meinen ganzen Witz. Aber du hattest immer schon so eine theatralische Art an dir. Du musst immer alles aufbauschen. Du gönnst mir einfach nicht den Triumph den Witz gut erzählen zu dürfen. Du denkst nur an dich. Aber meine Mutter hat mich schon vor der Heirat mit dir gewarnt. Schon vor Jahren sagte sie. Der Kerl ist ein Sprücheklopfer. Dem kannst du nichts glauben. Der größte Egoist. Recht hatte sie.

Herr Lustig: Als ich deine Mutter, die alte Schreckschraube, zum ersten Mal sah, hätt' ich auf der Stelle das Weite suchen sollen, denn da konnte man schon absehen, was auf mich zukommt. Du bist auch nicht besser als deine Mutter.

Aber jetzt muss ich doch halt den Zuhörern den Witz zu Ende erzählen, sonst wissen sie ja gar nicht wie es weiterging. Ich muss mal wieder ich die Suppe auslöffeln. Also sie fahren mit dem Baby nach Hause.

Frau Lustig: Ich lass meine Mutter nicht beleidigen. Außerdem bist du völlig intolerant, Alles muss so geschehen wie du es willst. Mir reicht's jetzt. Du kannst mich mal mit deinem Witz. Deine Lügenmärchen kannst du jemand anderem auftischen. Wie soll man mit jemandem zusammenleben, mit dem

| | man nicht einmal zusammen einen Witz erzählen kann. Ich ziehe aus. (Abgang) |
| Herr Lustig: | Ja, hau nur ab. Immer wenn du nicht weiterweißt, läufst du davon. Ich bin froh, dass ich dich loshab. Endlich kann ich einen Trinken gehen und mich dort aufhalten, wo man auch seine Witze ungestört zu Ende erzählen darf. (*Geht auch davon*) |

Prof. Lach: (*leise zu einigen Zuhörern gewandt*) Eigentlich wollte ich ja meinen Zuhörern andere Erkenntnisse aus der zurückliegenden Szene präsentieren, aber in so einem Fall muss man als Referent einfach flexibel sein.

Meine Damen und Herren, aus dem soeben gehörten konnten Sie die fundamentalen Erkenntnisse gewinnen, die schon Kurt Tucholsky vor 80 Jahren in seiner weltberühmten Kurzgeschichte: *Ein Ehepaar erzählt einen Witz* beschrieben hat.

Auf die Frage: *Wie muss ein Witz erzählt werden*, kann es nur folgende Antwort geben (*lange Pause*): Auf keinen Fall so wie eben gehört beim Ehepaar Lustig. Aber machen wir das Beste daraus. Was lernen wir aus der Geschichte?

Mit dem gemeinsame Erzählen eines Witzes hat man den besten Ehetest in der Hand, um die Ehetauglichkeit von zwei Partnern festzustellen. Nur wenn beide Partner diesen Test erfolgreich hinter sich bringen, hat die Ehe eine reelle Chance, in der Zukunft zu bestehen.

Wir können also das Resümee ziehen:

Will man gemeinsam einen Witz erzählen,
sollt man dazu den richtg'en Partner wählen.
Doch allzu häufig muss man leider feststellen:

Falls Ehepaare es gemeinsam wagen,
einen Witz zusammen vorzutragen,
geht's meistens auch der Ehe an den Kragen.

So mit dieser fundamentalen Erkenntnis darf ich mich von Ihnen heute Abend verabschieden und wünsche Ihnen noch einen schönen Abend und ein gutes gegenseitiges Witze erzählen. *(Will abgehen)*

Ansager:	Halt, halt, das geht ja so gar nicht. Uns hier einfach „in der Tinte hocken zu lassen". Alle laufen einfach davon. Jetzt will ich schon wissen, wie denn der Witz eigentlich ausgeht!
Prof. Lach:	Ach so, da haben Sie natürlich ein Recht darauf. Leider kenne ich den Witz auch nicht. Aber wir wollen einmal überlegen, wie er weitergehen könnte.

Jetzt bin ich gewissermaßen als Witzexperte gefragt. Da darf ich mich natürlich nicht blamieren. Haben Sie eine Idee? *(Überlegt lange)*

Ja, so könnte es weitergehen. Also glücklich fährt das Ehepaar zusammen mit dem strampelnden und juchzenden Baby nach Hause. Die Frau wiegt das Baby in den Armen, der Vater ist unheimlich stolz und geht völlig auf in seiner neuen Vaterrolle, zu der er ja auch heldenhaft seinen Beitrag geleistet hat. Als sie das Auto in der Garage abgestellt haben, laufen sie Arm in Arm zur Eingangstreppe. Doch was ist das? Da liegt doch etwas auf der Treppe. Die Ehefrau bleibt stehen und ruft: „Rudi, schau doch einmal nach. Was ist denn da los? Aus gehörigem Abstand beobachtet sie unruhig die Szene. Rudi kommt näher, dreht das

Etwas auf der Treppe um, wird totenbleich und sagt mit ersterbender Stimme: „Jetzt wird mir manches klar und ich verstehe, warum ich im Krankenhaus keine Schmerzen verspürte. Da liegt der Briefträger Müller, und er ist tot."

Ja meine Damen und Herren, nun treten wieder die vorhin genannten Mechanismen in Kraft, die man braucht, um mit einem Witz richtig umzugehen.
Ich rekapituliere: Witz und Pointe kapieren (haben Sie?) und sich darüber freuen. Brauchen Sie etwas Hilfe? Jeder von uns wird eine gewisse Schadenfreude empfinden über den bestraften Postboten und über die fremd gehende Ehefrau, die doch noch erwischt werden. Aber neu kommt hier noch dazu, und das ist in vielen Witzen auch ein ganz wichtiger Aspekt. Ich habe in meinen langjährigen Studien eindeutig nachgewiesen, dass in uns allen, obwohl dies keiner von uns offen zugibt, ein klein bisschen die Freude und der Hang zum Unanständigen und zu einer kleinen Schweinerei steckt. Nur zu gern stellen wir uns vor, wie die Ehefrau mit dem Postboten fremdgegangen ist und jetzt doch noch dafür beide zur Rechenschaft gezogen wurden oder werden. Gewissermaßen stellen unanständige Witze eine ganz wichtige sexualtherapeutische Maßnahme dar, die manch verklemmte Beziehung wieder flottmachen kann.
Ja nun, mit diesen tiefgründigen Erkenntnissen möchte ich mich jetzt endgültig von Ihnen verabschieden. Ich hoffe, Sie bilden sich weiter fort in

der Technik des Witze Erzählens, gerne auch in meinen Seminaren.

Gute Nacht! *(läuft weg und kommt nochmal zurück)*

- Noch ein kleiner Tipp: Nehmen Sie den Spruch: *„Ich lach mich tot"* nicht zu wörtlich, schließlich möchte ich Sie im nächsten Jahr wieder an gleicher Stelle begrüßen. (Das nennt man übrigens schwarzen Humor, aber das wäre ein anderes Kapitel)

Doch nun endgültig, „Gute Nacht", bevor mir noch ein neuer Witz, außer dem folgenden, einfällt

Witz 6: Ein Stammkunde kommt in seine Stammbar, macht ein unglückliches Gesicht und kippt ziemlich schnell hintereinander 3 Schnäpse herunter. Sagt der Barkeeper zu ihm: „Was ist heute mir dir los? Du schaust so unglücklich aus und trinkst im Eiltempo."

Der Stammkunde seufzt und antwortet: Meine Frau hat mir angedroht, dass sie einen Monat lang nicht mehr mit mir spricht."

Barkeeper: Ja, das ist natürlich schon hart. Aber denk dran, alles geht vorüber. Es gibt Schlimmeres. Wann ist denn deine Leidenszeit vorüber? Ab wann spricht denn deine „Holde" wieder mit dir?"

Stammkunde seufzt schwer: „Das ist es ja gerade. Ab heute Abend."

Der Sketch fand guten Anklang und sie spielten ihn noch bei verschiedenen Seniorengruppen. Die Zeitung berichtete darüber und da Nico Schwarz, sein Skatbruder, gleichzeitig Vorsitzender der Volkshochschule war, bat er Ralf, für sie doch einige Autorenlesungen mit seinen Kurzgeschichten abzuhalten. Er willigte ein und half Nico auch bei der Zusammenstellung des Jahresprogramms für die Volkshochschule. Durch Zufall erfuhr Ralf, dass Henning Scherf, der frühere Bürgermeister von Bremen und Begründer einer der ersten Wohngemeinschaften in Deutschland in Stuttgart eine Autorenlesung über sein Buch „*Grau ist bunt*" abhielt. Er rief ihn an und fragte, ob er, da er nun einmal schon in Stuttgart sei, nicht auch bei ihnen im 70 km entfernten Bührstadt eine Lesung abhalten könnte. Nachdem sie sich über das Honorar einig wurden, willigte dieser ein und sie vereinbarten als Termin, Freitag, den 20. September 2013.

Die Bürgermeisterwahl

(Juni 2013)

Am Sonntag, den 23. Juni sollten die Bürgermeisterwahlen stattfinden. Als Kandidaten hatten sich von der SPD Robert Hahn
und von der UPD Werner Roth beworben. Die CDU hatte keinen
Kandidaten aufgestellt. Die große Frage war nun, ob die CDU-
Wähler auf die Seite des SPD- oder des UPD-Kandidaten wechseln würden. Man erwartete ein hartes Kopf-an-Kopf-Rennen.
Der UPD-Kandidat hatte seine Kandidatur planmäßig aufgebaut. Vor zwei Jahren zog er nach Bührstadt, gründete die bis
dahin in Bührstadt gar nicht existente Unabhängige Partei
Deutschlands UPD, machte durch stark rechts gerichtete Parolen
wie: Ausländer raus, kein Aufenthalt für Ausländer, kein Geld
für Griechen usw. auf sich aufmerksam und zog dadurch bei
den vor einem Jahr stattfindenden Gemeinderatswahlen viele
Wähler vom rechten Spektrum der CDU für seine Partei ab, so
dass seine Partei nach der SPD zweitgrößte Fraktion im Gemeinderat und er deren Fraktionssprecher wurde. Er galt
manchmal als etwas selbstherrlich und gefiel sich in der Rolle
des Machers, Nicht nur in seinem Aussehen, sondern auch in
seinem Verhalten ähnelte er stark dem früheren baden-
württembergischen Ministerpräsidenten Mappus. Er blockierte
mit seiner Partei nicht selten Gemeinderatsbeschlüsse, wenn
diese in irgendeinem Zusammenhang mit Ausländern oder sozial schwachen Randgruppen standen. Dabei scheute er auch
keinerlei gerichtliche Auseinandersetzungen. Das alles brachte
ihm viele Stimmen. So endete auch jede seiner Wahlkampfreden
mit dem Satz: „Sie dürfen ganz sicher sein, dass bei meiner Wahl
unser knappes Geld in der Gemeindekasse nicht für Ausländer
und andere Sozialschmarotzer ausgegeben wird." Zu der bevorstehenden Wahl hatte er sich einen besonderen Coup ausge-

dacht, mit dem er glaubte, einen großen Teil der Bevölkerung für sich einzunehmen. Als Allheilmittel für die finanzschwache Stadt zauberte er kurz vor den Wahlen ein Konzept aus dem Hut, mit dem er seine Gegner überraschte, das auf den ersten Blick auch erfolgversprechend aussah und die Gemeinde von all ihren finanziellen Nöten zu befreien schien. Er wollte nämlich die Wasserversorgung an eine Privatfirma verkaufen, wodurch erstens Geld für den Verkauf und zweitens jährlich ein hoher festgelegter Betrag hereinkam, der noch vereinbart würde. Zusätzlich müsste die Gemeinde keine Unkosten für die Instandhaltung und Wartung ihrer Wasserversorgung mehr aufbringen. Logisch, dass auf jeder Wahlversammlung der Satz fiel: „Die SPD konnte schon im Bund nicht mit Geld umgehen als sie an der Macht war, und sie kann es noch viel weniger in unserer Gemeinde." Er gefiel sich in der Rolle des Glückbringers für die Gemeinde, zählte die verschiedensten Vorhaben auf, die nun verwirklicht werden könnten, wie z.B. ein neues Rathaus bis zu neuen Sportanlagen. Ralf kamen Parallelen in den Sinn an den Satz von Helmut Kohl, als er den Bürgern in der ehemaligen DDR „blühende Landschaften" versprochen hatte.

Die SPD konnte dem wenig entgegensetzen. Tatsächlich verkauften landauf landab viele Gemeinden ihr „Tafelsilber" wie Wasserversorgung, Müllabfuhr und Heizkraftwerke an private Firmen. Die SPD wies zwar auch auf mögliche Gefahren hin, aber das wurde kaum beachtet. Auch wurden Rückschläge und Pannen bei derartigen „Deals", die es dann später häufig gab, zu der Zeit noch nicht öffentlich bekannt. Der SPD-Kandidat war ein sympathischer Mann, der in vielen Vereinen tätig war und von vielen wegen seiner menschlichen Art geschätzt wurde, aber die wirtschaftliche Kompetenz traute man eher seinem Gegner zu.

Die Kandidatenvorstellung   Mittwoch, den 5.06.2013

Etwa zwei Wochen vor der Wahl sollten sich beide Kandidaten der Öffentlichkeit präsentieren, eine Podiumsdiskussion durchführen und sich dann den Fragen der Zuhörer stellen. Dazu wollte Ralf zusammen mit Gaby unbedingt hingehen. Gaby bezweifelte zwar, ob sich das denn lohnen würde, denn die Wahl sei doch so gut wie entschieden für den UPD-Kandidaten.

„Warten wir's erst einmal ab," meinte Ralf vielsagend, und sie schaute ihn irritiert an. Am nächsten Tag aber fuhr er nach Stuttgart zu seiner Redaktion bei den „Stuttgarter Zeitung" führte lange Gespräche mit den Redakteuren und kramte in den Archiven. Mehr als zufrieden fuhr er nach Hause.

Die Stadthalle war bis auf den letzten Platz besetzt. Die beiden Kandidaten saßen auf der Bühne, als Moderator fungierte der Chefredakteur der „Bührstädter Boten". Auch Dr. Kneer lief geschäftig auf der Bühne hin und her, begrüßte beide persönlich mit Handschlag, machte Gaby Komplimente für ihr gutes Aussehen und meinte an Ralf gerichtet, süffisant:

„Das dürfte heute ein wenig erfreulicher Abend für Sie werden, Herr Rein."

„Wir werden es bald wissen," entgegnete Ralf kurz angebunden und ging weiter.

Die Veranstaltung begann. Die beiden Kandidaten stellten sich kurz vor, dann konnte jeder sein Programm für die nächste Amtszeit beschreiben, falls er gewählt würde. Der Moderator stellte an beide die gleichen Fragen, und sie hatten zu erklären, wie sie dazu stehen oder welche Lösungen sie anzubieten hätten. Bevor das Publikum Fragen stellen konnte, durfte jeder noch einmal seine Haltung zusammenfassen. Der SPD–Mann legte viel Wert auf soziale Errungenschaften und umweltfreundliche

Investitionen, die sich alle ganz gut anhörten. Aber der UPD–Kandidat machte diesen guten Eindruck nicht ungeschickt mit wenig Sätzen wieder zunichte. „Ihr Programm ist ja wunderbar und gefällt uns auch ganz gut. Aber wie wollen Sie denn das alles bezahlen? Nur wir von der UPD haben das Konzept, mit dem wir alles verwirklichen könnten. Durch den Verkauf der Wasserrechte werden wir in die Lage versetzt, uns eine bessere Umwelt zu schaffen. Nur so kann es gehen." Starker Beifall für ihn.

Bei der anschließenden Fragerunde kam Ralf als letzter Fragesteller zu Wort. Er stand auf und begann:

„Sehr geehrter Herr Roth, es ist bekannt, dass in Deutschland viele Gemeinden, wie von Ihnen vorgeschlagen, aus Finanznot öffentliche Einrichtungen wie Wasser, Müllabfuhr und Heizkraftwerke an private Firmen verkaufen. Sie haben die Hoffnung, dass private Firmen eher als die Kommunen oder der Staat diese Versorgung günstiger anbieten und garantieren können. So lauten die Versprechungen der privaten Firmen."

„Vollkommen richtig, genau so ist es," tönte der Angesprochene.

„Eben nicht richtig so. Soll ich Ihnen, liebe Anwesende hier im Saal sagen, was dann häufig passiert? Die Firmen übernehmen fertige Investitionen von den Gemeinden, bauen aber diese nicht weiter aus. Nach einer Übergangzeit werden die Preise erhöht und diktiert, denn es ist keine Konkurrenz mehr vorhanden. Die Leidtragenden sind die Bevölkerung."

Ein Sturm brach los. Heftige Pfiffe aber auch lauter Beifall ertönte.

„Lasst ihn doch weitersprechen", riefen viele Zuhörer.

Der Moderator wandte sich an den UPD–Kandidaten: „Was antworten Sie darauf?"

„Das ist eine ungeheuerliche Behauptung. Können Sie denn belegen, was Sie hier den Leuten vorlügen?"

„Und ob ich das kann. Alles was ich jetzt hier aufzähle, lässt sich jederzeit nachprüfen. Ich habe die Unterlagen bei mir. Hören Sie bitte gut zu:

In Berlin wurde, nachdem eine Privatfirma die Wasserrechte erworben hatte, nach 3 Jahren der Wasserpreis um 28 % erhöht. Nach Entrüstung in der Bevölkerung wurde ein Volksentscheid beantragt und der Verkauf wurde 2012 wieder rückgängig gemacht. Interessant ist dabei auch, dass der Senat auf 30 Jahre eine Ausschüttung von 8% Prozent von der Firma erhalten sollte. Mit wie viel Prozenten hat man Sie denn geködert Herr König?", versuchte er den Bürgermeister zu provozieren. Wieder unheimlicher Lärm.

„Ich bin noch lange nicht fertig. Erst vor ein paar Wochen erwirkte ein Bürgerbegehren in unserer Landeshauptstadt Stuttgart, dass die privaten Anteile wieder zurückgekauft wurden, weil der Preis um 30 % gestiegen war."

Erregt wandte sich der Werner Roth an den Moderator und fragte nach: „Ist es denn statthaft, dass ein Zuhörer eine so lange Redezeit eingeräumt bekommt? Eigentlich war es doch so abgesprochen, dass diese nur Fragen stellen dürfen."

Ein gellendes Pfeifkonzert des Publikums war die Folge.

Der Moderator erwiderte: „Ich denke, dass die Einwände von Herrn Rein absolut zu unserem Thema passen und die Zuschauer gespannt auf seine weiteren Ausführungen und dann auf Ihre Antworten warten."

Starker Beifall. Gestärkt durch den Zuschauerbeifall fuhr Ralf unbeirrt fort:

„Die Europäische Kommission versucht neue Richtlinien zu erlassen, die die Privatisierung der Wasserversorgung unterbindet. Sie ist der Ansicht, dass Wasser nicht den Kräften des freien Marktes überlassen werden darf. Es ist ein wertvolles öffentliches Gut und das ist bei Privatfirmen nicht in guten Händen, denn es passiert überall das gleiche. Die privaten Versorger investieren kaum noch in Reparaturen und Instandsetzungen, und der Umweltschutz wird wenig beachtet. Nach ein paar Jahren werden die Preise drastisch erhöht, die Fachleute, die bisher bei den Gemeinden waren, sind entlassen oder weggezogen, und die Gemeinden und damit alle Bürger sind von den Firmen abhängig. Das lieber Herr König kann nicht im Interesse unserer Stadt sein. Ich frage beide Kandidaten: Wollen sie wirklich derartige Projekte durchziehen?"

Robert Hahn von der SPD antwortete spontan: „Auf gar keinen Fall."

Panisch wand sich Roth. Natürlich hatte er den Stimmungsumschwung im Saal mitbekommen und versuchte zu retten, was zu retten war.

„Zuerst müssen wir einmal überprüfen, ob das denn alles stimmt, was Sie, Herr Rein, hier behaupten. Dann müssen wir mit den Firmen reden, ob man in den Verträgen alles so festlegen kann, dass die von Ihnen behaupteten Risiken, wenn sie überhaupt vorhanden sind, ausgeschlossen werden. Ich werde doch wegen den wirren Behauptungen eines Einzelnen unser Konzept, das unserer Gemeinde viel bringen würde, nicht über den Haufen werfen. Wir werden in der nächsten Woche die meisten Anschuldigungen von Herrn Rein in der Presse entkräften. Verlassen Sie sich darauf."

Kaum Beifall. Der Moderator beendete kurz darauf die Versammlung. Beim Verlassen des Saales kamen viele Menschen auf Ralf zu, klopften ihm auf die Schultern und der Tenor der meisten Aussagen lautete:

„Gut, dass Sie uns noch rechtzeitig die Augen geöffnet haben."

„Du warst verdammt gut und überzeugend. Ich möchte dich nicht als Gegner haben," flüsterte ihm Gaby zu und schaute zu ihm hoch.

Als sie den Versammlungssaal verließen, tagte noch das UPD-Gremium mit dem Kandidaten Werner Roth, Dr. Kneer und einigen Parteigrößen in einem Nebenzimmer. Der UPD-Kandidat schäumte vor Wut und machte Dr. Kneer gnadenlos nieder.

„Wieso hast du mich nicht vor dem Ralf Rein gewarnt? Der ist doch in eurer 60 plus - Seniorengruppe dabei. Der Mann wird noch dafür sorgen, dass ich die Wahl verliere. Haben wir denn zwei Jahre unsere Zeit und viel Geld umsonst investiert? Sind denn lauter Nieten um mich herum? Muss man denn alles selber machen? Hat jemand eine Idee, wie man meine Wahl noch retten könnte?"

Dr. Kneer versuchte sich zu rechtfertigen, indem er anführte, dass er keine Ahnung davon hatte, dass Ralf Rein etwas Derartiges vorhatte. Außerdem sei er gar nicht mehr Mitglied in dieser Gruppe. Werner Roth winkte nur ab:

„Hör doch auf, dass bringt jetzt auch nichts mehr! Überleg lieber, was wir tun könnten." Lange Pause. Endlich meldete sich Dr. Kneer wieder:

„Ich habe eine Idee, aber dafür brauche ich die Unterstützung von euch, von einigen Stellen im Polizeipräsidium und in einigen anderen öffentlichen Ämtern. Haben wir da Leute sitzen, auf die wir uns verlassen können?"

„Ich denke schon. Aber was hast du vor?"

„Ich brauche absolut freie Hand und eine größere Geldsumme. Bekomme ich beides?"

„Zuerst deine Idee, dann entscheiden wir!" Und Dr. Kneer entwickelte seinen Plan.

Ganz unten   Dienstag, den 11.06.2013

Vom Samstagnachmittag bis Montagabend hatte Ralf einige
frühere Bekannte in Stuttgart besucht und war spät am Montagabend nach Hause gekommen. Am Dienstagmorgen holte Ralf
seine Zeitung, die „Stuttgarter Nachrichten" aus dem Briefkas-
ten. Frau Fischer begegnete ihm auf der Treppe. Er begrüßte sie
freundlich, aber sie lief mit steinernem Gesicht grußlos an ihm
vorbei und schaute in die andere Richtung. Darüber wunderte er
sich schon sehr, denn bisher hatten sie immer ein Gespräch miteinander geführt, wenn sie sich trafen. Oft hatte sie ihm auch ein
Stück Kuchen rübergeschickt, wenn sie gebacken hatte. Nachdem er gefrühstückt und die Zeitung gelesen hatte, rief er Gaby
an, denn er wollte mit ihr am Nachmittag eine Spazierfahrt auf
die Schwäbische Alb unternehmen, wie sie es schon am Freitagabend nach der Kandidatenvorstellung verabredet hatten. Als
sie sich meldete, blödelte er gutgelaunt:

„Na, hat sich die schönste Frau von Bührstadt schon für den
Ausflug heute Nachmittag vorbereitet?"

Langes Schweigen, dann folgende Antwort. „Du wagst es hier
anzurufen? Das hätte ich nie von dir gedacht. Und dann auch
noch mit Tanja. Ich möchte nie wieder etwas mit dir zu tun haben!"

Ein Schluchzen war zu hören, dann wurde der Telefonhörer
aufgelegt. Bestürzt starrte er den Hörer an. Waren denn alle verrückt geworden? Irgendetwas war im Gange, von dem er nichts
ahnte. Nun trat er die Flucht nach vorne an. Er stieg die Treppe
zu Frau Fischer hoch und klingelte Sturm. Als sie die Türe öffnete und ihn erblickte, stieß sie einen Schrei des Erschreckens aus
und wollte sofort wieder die Türe schließen. Aber er hielt seinen
Fuß in den Spalt und herrschte sie an:

„Jetzt sagen Sie sofort was eigentlich los ist! Vorher gehe ich nicht weg.!"

„Das fragen Sie noch? Aber bitte, lesen Sie selbst!"

Sie ging in ihr Wohnzimmer und holte den „Bührstädter Boten". Sie knallte ihm die Zeitung vor die Füße und schlug die Türe zu. In Panik hob er die Zeitung auf. Auf der Titelseite sah er sein Foto und mit dicken Lettern darunter die Überschrift:

Ehemaliger Zeitungsreporter - ein Kommunist und Vergewaltiger?

Das hätte wirklich niemand erwartet. Der ehemalige Zeitungsreporter Ralf Rein, der bei der Kandidatenvorstellung zur Wahl des Bürgermeisters unserem verdienten Werner Roth das Leben schwergemacht hatte und mit seinen Attacken viele Zuhörer hinter sich brachte, scheint ein politischer Agitator zu sein, der schon in seinen früheren Jahren in Berlin in der „Roten Armee Fraktion RAF" für die Kommunisten agitiert hatte. Auch soll er damals in der berühmten Kommune bei Langhans und Teufel gewohnt haben, wo freier Sex mit wechselnden Partnern an der Tagesordnung war. Nun treibt er sein Unwesen in Bührstadt. Jedoch waren alle die genannten Tätigkeiten zwar moralisch fragwürdig, aber was er sich allem Anschein nach vor drei Tagen geleistet hat, ist unverzeihlich und wird vom Gesetz gnadenlos verfolgt werden. Laut einer eidesstattlichen Erklärung der Serbin Tanja Krochosowa, die bei ihm als Putzhilfe arbeitete, hat er sie vor drei Tagen brutal vergewaltigt. Offensichtlich hat er seinen Sextrieb immer noch nicht im Griff. Es darf damit gerechnet werden, dass er in nächster Zeit verhaftet und dem Haftrichter vorgeführt wird.

Fassungslos ließ Ralf die Zeitung sinken. Er las nur selten den „Bührstädter Boten", weil er immer noch seine „Stuttgarter Zeitung" abonniert hatte. Was ging hier ab? Urplötzlich schien sich alles gegen ihn verschworen zu haben. Er musste jemandem furchtbar auf die Zehen getreten sein. Und da fiel es ihm wie Schuppen von den Augen. Nur so konnte es sein. Er sah zum Fenster hinaus und erblickte einen Polizei- und einen Fernsehwagen von der örtlichen regionalen Fernsehstation „Filsblick", die gerade angekommen waren.

„Die verlieren auch keine Zeit," dachte er.

Es galt jetzt blitzschnell zu handeln so lange er noch Zeit hatte.

In aller Eile tippte er ein E-Mail mit folgendem Inhalt:

Lieber Ingo, lieber Peter, lieber Pater Erich, lieber Nico,
glaubt nicht, was in der Zeitung steht. Es ist kein Wort davon wahr.
Hier liegt eine Intrige vor, deren Hintergründe noch zu klären sind. Sie
kommen schon mich abzuholen. Ich brauche eure Hilfe.
Euer Ralf

Schon beim Schreiben des E-Mails klingelte es an der Haustüre. Als er nach einiger Zeit die Türe öffnete, stürmten drei Polizeibeamte herein. Zwei packten ihn links und rechts am Arm, der dritte legte ihm Handschellen an. Erst dann fragten sie ihn:

„Sind Sie Ralf Rein?"

Sie warteten gar nicht seine Antwort ab, sondern führten ihn vor die Haustüre und nun gut für das Fernsehen in Szene gesetzt, belehrten sie ihn über seine Rechte.

„Sie werden beschuldigt, ihre Putzfrau Tanja Krochosowa vergewaltigt zu haben. Sie werden dem Haftrichter vorgeführt und können sich bei ihm zu den Anschuldigungen äußern. Bis zu einer Entscheidung bleiben Sie in Haft. Einige unserer Beamten werden nun auch Ihre Wohnung durchsuchen."

Das Kamerateam von „Filsblick" filmte alles aus nächster Nähe, ohne dass die Polizeibeamten dagegen etwas unternahmen. Unsanft wurde er in den Polizeiwagen verfrachtet und unter den Blicken von vielen Leuten des Wohnviertels fuhr der Polizeiwagen davon. Irgendwie ungläubig ließ Ralf das ganze Geschehen über sich ergehen. Es kam ihm unwirklich wie im Kino vor, doch gleichzeitig fühlte er sich ausgeliefert wie der Angeklagte Josef K. im Buch vom „Prozess" von Kafka. Noch machte er sich keine allzugroße Sorgen, und glaubte, dass der Irrtum schon ans Tageslicht kommen würde. Was ihn viel mehr beschäftigte war die Reaktion von Gaby gewesen. Hatte sie tatsächlich so wenig Vertrauen in ihn? Glaubte sie wirklich, dass er dazu fähig wäre, eine Frau zu vergewaltigen, nachdem sie gerade in den letzten Tagen so nah beisammen waren und eigentlich nur Harmonie zwischen ihnen geherrscht hatte? Auf der Fahrt zum Gefängnis empfand er eine Niedergeschlagenheit, aber auch eine tiefe Enttäuschung über Gaby. Wenn sie es für möglich hielt, dass er ein derartiges Verbrechen begehen konnte, dann, ja dann war es wohl auch besser, dass ihre Beziehung gerade noch rechtzeitig beendet wurde, bevor er mit ihr noch weitere Bindungen eingegangen war.

Im Gebäude der Stadtpolizei wurde er von dem dortigen Polizeibeamten in seine Zelle geführt, nachdem er ihm vorher sein Handy abgenommen hatte. Nachdrücklich verlangte Ralf, dass er seinen Anwalt Ingo Reich sprechen konnte und er möglichst bald dem Haftrichter vorgeführt wurde. Schließlich habe er das Recht zu erfahren, was ihm eigentlich vorgeworfen werde.

„In Ihrer Situation würde ich keine so großen Ansprüche stellen und mich eher zurückhalten. Ganz Bührstadt ist entsetzt darüber, welches Ungeheuer in ihrer Stadt wohnt. Heute Abend in der Tagesschau werden die meisten Bürger von Bührstadt die Wahrheit über ihr Verbrechen erfahren. Sie haben ganz schlechte Karten bei uns," gab ihm der Beamte gehässig zu verstehen.

„Moment mal, heißt das, ich erhalte keine Verbindung zu meinem Anwalt und werde auch nicht schnellstens dem Haftrichter vorgeführt, wie es mein gesetzliches Recht ist? Wie ist es denn Ihr Name?"

Jetzt doch etwas verunsichert, nannte Herr Miller ihm seinen Namen und teilte ihm auch mit, dass er laut Gesetz innerhalb 48 Stunden dem Haftrichter vorgeführt werden müsse, sobald sein

Anwalt hier sei. Also sei noch genug Zeit für die Justiz. Wortlos schrieb Ralf auf einen Zettel die Anschrift von Ingo mit Telefonnummer und übergab diesen an den Beamten.

Unglücklich saß er in seiner Zelle, und starrte das karge Mobiliar an, das aus einem Bett, einem Schrank, einem Tisch mit Stuhl, einem Waschbecken und einer Toilette bestand. Natürlich machte er sich Gedanken, was eigentlich vorgefallen sein konnte und wie er in den ganzen „Schlamassel" hineingeraten war. Doch noch wichtiger war es doch, wie er wieder aus dieser Lage herauskommen würde. Eines war klar, er musste mehr Details über die Anschuldigungen erfahren, und die konnte ihm nur Ingo besorgen. Doch Ralf wartete Stunde um Stunde mit immer größerer Besorgnis auf ein Zeichen von Ingo, aber nichts geschah. Als er abends nach dem kärglichen Abendbrot den Beamten fragte, wo sein Anwalt bleibe, zuckte dieser mit den Schultern.

„Er ist nicht zu Hause. Wir haben bei ihm angerufen, aber er meldet sich nicht. Sie werden bis morgen warten müssen."

In der Nacht machte er kein Auge zu. Zweifel kamen in ihm auf. Wollte Ingo womöglich nichts mehr von ihm wissen und ließ sich nur verleugnen? Man konnte sich nie sicher sein, wie Leute in Notsituationen reagieren, vor allem, wenn sie in der Öffentlichkeit stehen. Aber Pater Erich, Peter Haller und Nico waren doch schließlich auch noch. Es war doch ausgeschlossen, dass alle plötzlich verrücktspielten.

Er musste das ganze Geschehen der Reihe nach durchgehen. Die 21-jährige Tanja putzte, nach der Vermittlung von Gaby, seit drei Jahren wöchentlich am Samstag zwei Stunden bei ihm. Sie war eine hübsche aufgeschlossene Person und hatte bereitwillig die zusätzliche Stelle bei ihm übernommen, nachdem Gaby sie darum gebeten hatte. Ihre Mutter in Serbien war, wie sie ihm einmal erzählte, offensichtlich schwer an Krebs erkrankt, und sie schickte einen großen Teil ihres verdienten Geldes in die Heimat, damit die teuren Medikamente bezahlt werden konnten. Mehr als einmal hatte ihr Ralf einen zusätzlichen Geldbetrag zu dem vereinbarten Lohn gegeben. Sie waren immer gut miteinander ausgekommen, doch es hatte nie irgendwelche sexuelle Annäherungsversuche von einer Seite gegeben. Wenn also von seiner Seite keinerlei Schuld vorlag, dann musste irgendjemand diese Beschuldigungen lanciert haben, der damit ein bestimmtes Ziel erreichen wollte. Und je mehr er darüber nachdachte, umso klarer wurde es für ihn, dass der ganze Spuk nur mit der Bürgermeisterwahl zusammenhängen konnte. Diese würde in 12 Tagen stattfinden. Nur eine Gruppe hatte etwas davon, wenn sein Ruf beschädigt und Zweifel an seinen Aussagen zum Verkauf der Wasserrechte und zu seiner Person gestreut würden. Es gab für den UPD-Kandidaten Werner Roth nur diese eine Chance, die Wahl doch noch zu gewinnen. Wenn sich dann später, nach der Wahl, herausstellen sollte, dass die Vorwürfe gegen ihn gegenstandslos waren, würde diese Erkenntnis das Ergebnis der Wahl nicht mehr ändern können. Seine Freunde und er mussten also jetzt ganz schnell handeln, wenn sie den Plan der Gegenseite noch vereiteln wollten. Er aber saß hier untätig im Gefängnis herum und konnte nichts unternehmen. Und über einen Punkt war er sich auch im Klaren. Anschuldigungen wegen sexuellem Missbrauchs ließen sich oft nur sehr schwer wieder aus der Welt schaffen, wenn die betreffende Person an ihrer Behauptung festhielt. Die Affäre des Wetterexperten Kachelmann und eines Quizmasters kamen ihm in den Sinn, die nach jahrelangen Streitigkeiten alle nicht unbeschadet aus der Geschichte herausgekommen waren. Irgendetwas blieb meistens hängen.

2. Tag im Gefängnis   Mittwoch, den 12.06.2013

Gerädert stand er am nächsten Morgen auf und wartete, dass irgendjemand von seinen Freunden erschien. Endlich, so gegen 10.00 Uhr, hörte er Schritte, die Schlüssel des Beamten klirrten und Herr Miller rief:
„Besuch für Sie, Herr Rein. „Kommen Sie in das Sprechzimmer!"

„Gott sei Dank, endlich geschah etwas!"

Als er den Raum betrat, erblickte er Peter Haller, Nico Schwarz, und Pater Erich, die ernst dreinblickten. Schweigend umarmte er sie, dann setzten sie sich. Peter Haller teilte ihm zu Anfang mit.

„Also Ingo ist auf einer Tagung in Hamburg und seine Frau ist mal wieder auf Urlaub. Er wird die Tagung aber abbrechen und heute Nachmittag hier vorbeischauen, dann wirst du auch dem Haftrichter vorgeführt werden. Nachdem dein Fall gestern Abend in der Tagesschau vom „Filsblick" in aller Breite den Zuschauern präsentiert wurde, haben wir zusammen noch gestern Abend Gaby aufgesucht. Sie ist völlig am Boden zerstört und maßlos enttäuscht von dir. Auch unsere Einwände, dass das Ganze sich mit Sicherheit so nicht abgespielt haben könnte wie es in der Zeitung und im Fernsehen dargestellt wurde, überzeugten sie nicht. Das liegt hauptsächlich daran, dass Dr. Kneer gute Überzeugungsarbeit zusammen mit Tanja geleistet hat."

„Wusst' ich's doch. Dr. Kneer hat seine Finger im Spiel. Er schlägt zwei Fliegen mit einer Klappe. Er hilft seinem Parteigenossen und beseitigt einen Rivalen um die Gunst von Gaby," warf Ralf erregt ein. Maßvoll enttäuscht fügte er hinzu:

„Aber lasst mich bitte in Zukunft mit Gaby in Ruhe. Mit der bin ich fertig. Ohne mich anzuhören einem Burschen wie Dr. Kneer alles abzunehmen, was der behauptet, das ist doch das Letzte!"

„Wir können dich schon verstehen. Aber man kann Gaby nicht einmal einen Vorwurf machen, denn das Ganze war gut eingefädelt. Am Samstagnachmittag ist Dr. Kneer mit einer weinenden, völlig aufgelösten Tanja und mit einer vor einem Notar abgelegten eidesstattlichen Erklärung bei Gaby erschienen, nach der du Tanja in deiner Wohnung am Samstagvormittag vergewaltigt hättest. Tanja beschrieb den Vorgang mit vielen Details, war offensichtlich sehr verzweifelt, aber dadurch umso glaubwürdiger. Daraufhin hat Dr. Kneer in Tanjas Namen dich angezeigt und den Fall ins Rollen gebracht," erklärte ihm Pater Erich. Jetzt setzte Pater Erich die Berichterstattung fort:

„Die Frage für dich und uns ist doch die: Aus welchem Grund erhebt Tanja eine derartige Anklage? Was hat sie davon, wenn sie dir schadet?"

„Da gibt es nur einen Grund. Es muss Geld geflossen sein. Tanja braucht für ihre krebskranke Mutter Geld, um teure Medikamente für die Behandlung zu bezahlen. Da könnte man schon schwach werden, wenn man mit einem Mal alle Probleme lösen könnte. Und Dr. Kneer wusste um die finanziellen Probleme von Tanja von der Zeit her, als er noch öfters Gaby besuchte. Es war eine Win-Win-Situation sowohl für Tanja als auch für Dr. Kneer."

Energisch mischte sich Nico ein. „Es hilft nur eins, Tanja muss ihre Beschuldigungen wieder zurücknehmen."

Er schloss ihren Besuch bei ihm mit den Worten ab:

„Pater Erich und ich fahren nachher bei Tanja vorbei und sprechen mit ihr. Peter soll noch einmal bei Gaby vorbeischauen und ihr unsere Sichtweise darlegen. Kopf hoch Ralf, wir hauen dich hier raus! Wenn Ingo erst hier ist, wird er schon wissen, was zu tun ist. Er ist nämlich ein verdammt guter Anwalt und kennt auch die richtigen Leute."

Endlich meldete sich Ingo am Nachmittag bei Ralf in der Zelle. Zuerst beruhigte er einmal Ralf und machte ihm Mut:

„Im schlimmsten Falle, wenn Tanja bei ihrer Aussage bleibt, steht immer noch Aussage gegen Aussage. Berichte mir doch einmal, wie du die Sache siehst! Nachher wirst du dem Staatanwalt vorgeführt, und er entscheidet, ob der Haftbefehlt aufrechterhalten werden kann. Also leg einmal los!"

„So wie ich die Sache sehe, wollen die Anhänger von Werner Roth mein Ansehen beschädigen, so dass meine Aussagen wegen der Wasserrechte unglaubwürdig erscheinen. Dabei setzen Sie auf Zeit. Wahrscheinlich wissen Sie, dass meine Argumente gar nicht zu widerlegen sind und die Behauptung von der Vergewaltigung von Tanja auch nicht aufrecht zu erhalten ist. Aber meine Rehabilitierung wird nicht so schnell erfolgen können.

Wenn es ihnen gelingt, dass ich weiterhin in Haft bleibe und die Anschuldigungen weiter im Raum stehen bis zur Bürgermeisterwahl am 23.06. dann haben sie gewonnen und ihr Ziel erreicht. Du musst mich hier also möglichst schnell herausholen und der „Bührstädter Bote" muss noch vor den Wahlen einen Widerruf oder eine Berichtigung schreiben. Ich denke, dass der Bericht über mich auch eindeutig zu einseitig für die Gegenseite war, in manchen Punkten sogar gegen das Presserecht verstößt und sie einiges wieder gut zu machen haben. Und wenn ich mit meiner Vermutung richtigliege, dass Dr. Kneer das Ganze inszeniert hat, möchte ich in jedem Fall gegen ihn eine Anzeige stellen wegen Anstiftung zu einem Meineid. Interessant wird auch sein, welchen Erklärungsversuch er haben wird, dass Tanja angeblich gerade zu ihm kam mit ihrer Beschuldigung."

Jetzt läutete das Handy von Ingo. Offensichtlich war Pater Erich dran. Die Miene von Ingo hellte sich immer mehr auf. Er berichtete, dass Tanja nicht mehr in ihrer Wohnung wohne und wahrscheinlich nach Serbien abgereist sei. Als Ingo sein Handy wegsteckte, machte er einen sehr zufriedenen Eindruck.

„Ohne Tanja hat die Gegenseite kaum eine Chance durchzukommen. Übrigens, stimmen denn die Andeutungen in dem Zeitungsartikel zu den Punkten Mitglied der Kommune und der RAF?"

„Kein Wort davon ist wahr. Ich studierte zwar zur gleichen Zeit in Berlin als Langhans und Teufel in den Jahren 1966 - 1969 in ihrer Kommune gewohnt haben, aber Mitglied war ich dort nie. Wir alle waren damals keine Kinder von Traurigkeit, und ich wohnte schon in einer anderen Kommune. Doch bei der gab es aber keineswegs Partnertausch oder freie Liebe. Auch war ich nie Mitglied in der RAF. Zwar waren zu der Zeit fast alle Studenten links eingestellt. Aber mich haben schon damals wie heute alle fanatischen Menschen, ob in Politik oder Religion, abgestoßen. Andreas Bader und seine Gruppe gehörten vor allem zu den Menschen, die ich schon öfters gesehen hatte, mit denen ich aber absolut nichts zu tun haben wollte."

„Gut, dann können wir schon einmal auf die erste Unwahrheit in dem Zeitungsartikel verweisen. Wahrscheinlich haben Sie in deinen Personalakten übers Polizeipräsidium festgestellt, dass zu der angegebenen Zeit in Berlin gewesen warst und daraus geschlossen, dass du der linken Szene angehört hast. Jetzt gehen wir zum Staatsanwalt Dr. Klein. Der ist allgemein als ein ‚sturer Hund' bekannt, bei dem wir nicht viel erreichen werden. Außerdem ist er aktives UPD–Mitglied. Das heißt, er wird vermutlich den Haftbefehl aufrechterhalten und eine Anklageschrift einreichen. Aber dann werden wir versuchen, wenn die Anklageschrift eingereicht wurde, beim Zwischenverfahren in den nächsten Tagen zu erreichen, dass die Eröffnung des Hauptverfahrens erst gar nicht zustande kommt, weil notwendige Beweise und Zeugen fehlen. Die Zwischenverhandlung leitet ein Dr. Gebhart, ein ehemaliger Studiengenosse von mir. Er wird eine Anhörung des Klägers und des Beschuldigten veranlassen, und wir werden eine Einstellung des Verfahrens beantragen. Sollte Tanja tatsächlich nicht erscheinen, haben wir sehr gute Karten. Mal sehen, was uns der Staatsanwalt zu erzählen hat!"

Wesentlich erleichtert folgte ihm Ralf zum Staatsanwalt.

Sie klopften an der Türe des Staatsanwaltes und wurden von seiner Bürogehilfin hereingelassen. Dr. Klein ließ sie zuerst einmal 10 Minuten warten, dann trat er ins Vorzimmer und begrüßte Ingo mit Handschlag. Sie standen einem etwa 55 Jahre alten hagerem Typ mit Bürstenschnitt und einer Nickelbrille gegenüber. Abschätzend betrachtete er Ralf ohne ihm die Hand zu geben.

„So, so, Sie sind also der Ralf Rein. Da haben Sie sich aber ganz schön in die Nesseln gesetzt."

Sofort wollte Ralf ihm in aller Schärfe seine Meinung sagen, aber Ingo hielt ihn zurück. „Herr Rein hat sich überhaupt nicht in die

Nesseln gesetzt. Er ist völlig unschuldig und wir bestehen auf Aufhebung des Haftbefehls!"

„Da haben Sie keinerlei Chance. Mir liegt die eidesstattliche Erklärung von Tanja Krochosowa vor, abgelegt vor einem Notar. Bitte lesen Sie selbst:

Anzeige gegen Ralf Rein

Ich, Tanja Krochosowa, wohnhaft in Bührstadt, Sonnengasse 13, erkläre eidesstattlich, dass ich am Samstag, den 08.06.2015 um 10.00 Uhr in der Wohnung von Ralf Rein von diesem trotz heftiger Gegenwehr brutal vergewaltigt worden bin. Ich möchte eine Anzeige gegen Ralf Rein stellen und bitte den Staatsanwalt gegen Ralf Rein einen Haftbefehl zu beantragen.

Unterschrift: Tanja Krochosowa
Beglaubigt: Notar Reichert

Ralf schüttelte nur den Kopf: „Unglaublich", murmelte er nur und war einfach erschüttert, obwohl der Brief ja an sich nichts Neues brachte. Irgendwie hatte er einfach nicht glauben können, dass Tanja ihn dieser Tat bezichtigte.

„Auf Grund dieser Beschuldigung war für mich Ihre Inhaftierung gerechtfertigt, denn schließlich besteht Fluchtgefahr oder Sie könnten versuchen, das Opfer gewaltsam umzustimmen. Und an diesem Tatbestand hat sich bis jetzt nichts geändert. Auf Aufhebung des Haftbefehls besteht für mich kein Grund. Sie bleiben weiterhin in Haft!"

„Lieber Kollege Dr. Klein, ich hoffe sehr für Sie, dass Sie sich im Klaren darüber sind, dass Sie sich bei diesem Haftbefehl auf sehr dünnem Eis bewegen. Wir werden im Zwischenverfahren bei Dr. Gebhart darauf bestehen, dass die Klägerin persönlich anwesend ist und sie ihre Aussage vor Gericht wiederholt. Außerdem bestehen wir auf einem ärztlichen Gutachten, das die Vergewaltigung bestätigt, eigentlich ein zwingend notwendiger Beweis bei einem Vergewaltigungsverfahren. Oder haben Sie etwa ein ärztliches Attest vorliegen, wurden Spermaspuren, zerrissene Kleidungsstücke mit Spuren usw. bei der Hausdurchsuchung gefunden?"

Dr. Klein schüttelte den Kopf.

„In jedem Falle werden wir die Hauptverhandlung ablehnen und die Einstellung des Verfahrens beantragen. Und noch eine Frage: Wie kam es denn dazu, dass das angebliche Opfer gerade von Dr. Kneer zu dem Notar gebracht wurde und dadurch der ganze Vorgang ins Rollen kam? Wir haben einen gewissen Verdacht gegen Dr. Kneer, und wenn sich dieser bestätigen sollte, wird eine Anzeige wegen des Versuchs zur Anstiftung einer Falschaussage erfolgen. Das Strafmaß von mindestens einem Jahr wird Ihnen ja bekannt sein. Auch dürfte sich eine derartige Wende des Strafverfahrens gegen meinen Mandanten wenig förderlich für Ihre Karriere auswirken. Ihre Rolle bei diesem Verfahren auf Antrag Ihres Parteifreundes Dr. Kneer wird mit Sicherheit in der Öffentlichkeit breitgetreten werden."

Ingo hatte seinem Kollegen die letzten Sätze knallhart an den Kopf geworfen und dieser schien schon etwas beeindruckt zu sein. Er war bleich geworden, rang nach Worten und versuchte dann zuerst einmal die Frage von Ingo zu beantworten.

„Dr. Kneer traf das Opfer zufällig am Samstag nach der Vergewaltigung auf der Straße. Sie weinte hemmungslos und war völlig aufgelöst. Er lud sie ins Café „Greiner" zu einem Kaffee ein. Dort berichtete sie ihm von dem Vorfall. Als erstes gingen sie gemeinsam zu einem Notar, bei dem das Mädchen ihre Aussage eidesstattlich schriftlich hinterlegte und in ihrem Namen eine Anzeige gegen Ralf Rein erstatte. Dazu drängte sie vor allem Dr. Kneer, der sich als Arzt moralisch dazu verpflichtet fühlte, dass ein derartiges Unrecht auch rechtlich verfolgt wird. Dann besuchten sie gemeinsam Gaby Groß, bei der das Mädchen ja auch putzt, und berichteten ihr über die Vergewaltigung. Ich brauche Ihnen nicht zu schildern, wie diese völlig am Boden zerstört nach dem Bericht war. Bei mir bestätigte das Opfer nochmals alle die oben schriftlich festgelegten Aussagen. In meinen Augen hatte ich keine andere Möglichkeit, als mit einem Haftbefehl zu reagieren."

„So, so, keine andere Wahl. Sie werden diesen Haftbefehl noch bereuen."

Grußlos verließen Ingo und Ralf sein Büro.

Als sie wieder in Ralfs Zelle kamen, erklärte Ingo noch Ralf einige juristische Einzelheiten;

„Das Zwischenverfahren, auch Vorverfahren genannt, ist ein Teilabschnitt, der zwischen dem Ermittlungsverfahren und dem Hauptverfahren liegt und von dem zuständigen Gericht, also von Dr. Gebhart und nicht vom Staatanwalt, abgewickelt wird. Nach dem Zwischenverfahren, das mit dem Erhalt der Anklageschrift beginnt, wird entweder das Hauptverfahren eröffnet oder die Anklage fallen gelassen, was wir natürlich hoffen. Ich werde noch heute den Antrag auf ein baldiges Zwischenverfahren spätestens Anfang nächster Woche stellen. Bei dem Zwischenverfahren werden alle Beteiligten gehört. Sollte die Tanja zu diesem Punkt nicht anwesend sein, sieht es sehr gut für uns aus. Eigentlich bin ich recht optimistisch. Ralf, wir hauen dich hier raus!"

Zum Abschluss bat Ralf noch Ingo, dafür zu sorgen, dass er seinen Laptop bekommen konnte. Er hätte noch sehr viel nachzuschlagen und zu schreiben. Dieser sicherte ihm zu, dass ihm bis morgen sein Wunsch erfüllt werde. Die zweite Nacht in Haft war schon wesentlich ruhiger als es die erste gewesen war. Natürlich konnte er auch jetzt kaum einschlafen. Im Wesentlichen gingen ihm immer zwei Gedanken durch den Kopf. Zwar verbot er sich an Gaby zu denken, aber immer wieder war er in Gedanken bei ihr. Konnte sie ihn wirklich für so ein Scheusal halten, dass er mit ihr im besten Einvernehmen lebte und nebenher fremde Frauen missbrauchte? Er konnte es einfach nicht glauben. Der zweite Gedanke, der ihn beschäftigte, war, wie wohl der ganze Handel zwischen Dr. Kneer und Tanja abgelaufen war. Er musste sich doch irgendwie folgendermaßen abgespielt haben:

Dr. Kneer musste Tanja angesprochen und ihr eine stattliche Summe Geld für ihre Falschaussage angeboten haben. Sie sah das als ihre einmalige Chance an, mit einem Schlage die teuren Arztkosten für ihre Mutter bezahlen. Als Gegenleistung musste sie ihre Anschuldigungen überzeugend darbieten und dabeibleiben. Allerdings war das auch nicht ungefährlich für Dr. Kneer selbst. Sollte sie je ihre Aussage einmal widerrufen, würde er wegen Anstiftung zur Falschaussage belangt werden können. Wenn sie nicht mehr in Deutschland lebte, bestand diese Gefahr weniger, jedoch fehlte sie dann vor Gericht. Es war die Frage, was die beiden miteinander vereinbart hatten. Wenn er sich in die Rolle Tanjas reinversetzte, hatte er auch ein gewisses Verständnis für sie. Für sie zählte an erster Stelle die Gesundheit ihrer Mutter, alles andere war für sie nebensächlich. Auf normalem Wege mit ihrer Putzarbeit konnte sie niemals so viel verdienen, um die Medikamente zu bezahlen. Also war sie auf das so unerwartete Angebot eingegangen. Dass sie ihn dabei ins Unglück stürzte, nahm sie eben billigend in Kauf. Die Frage war für sie nun, blieb sie besser in Deutschland oder kehrte sie nach Serbien zurück? Je mehr er darüber nachdachte, um so einsichtiger wurde es für ihn, dass sie Deutschland verlassen hatte. Auf diese Weise konnte sie nicht von der Justiz verfolgt werden, falls ihre Falschaussage herauskam, und auch Dr. Kneer konnte sein Geld nicht zurückfordern. Außerdem würde sie nicht dauernd mit den Leuten konfrontiert werden, die sie ins Unglück durch ihre Falschaussage gestürzt hatte.

3. Tag im Gefängnis   Donnerstag, den 13.06.2013

Am nächsten Nachmittag kam Peter Haller zu Besuch. Er brachte den Laptop aus seiner Wohnung mit. Ingo hatte vom Staatsanwalt die Genehmigung dazu bekommen. Bei ihrem ersten Besuch im Gefängnis hatte Ralf ihm den Schlüssel zu seiner Wohnung gegeben, so dass er den Laptop, Schreibzeug und Papier mitbringen konnte. Weiterhin teilte er ihm mit, dass Ingo vom Gericht den Termin zum Zwischenverfahren am 18.06. 13 bekommen hatte. Damit blieb noch genug Zeit, um bis zur Bürgermeisterwahl am 23.06. die neue Situation im „Bührstädter Boten" ausführlich darzustellen und den Plan von Dr.Kneer und seinen Gesinnungsgenossen zu vereiteln, vorausgesetzt, dass das Zwischenverfahren mit einem Freispruch für ihn endete.

Worauf allerdings Ralf am ungeduldigsten wartete, war Peters Bericht über seine Einschätzung von Gabys Einstellung zu ihm. Er hatte Gaby die Vermutungen von Ralf zu den Beweggründen von Tanja und Dr. Kneer geschildert und ihr auch zu verstehen gegeben, wie enttäuscht Ralf von ihr war, dass sie ohne Rücksprache mit ihm einfach der anderen Seite geglaubt hatte. Anscheinend war sie nachdenklich geworden, ohne restlos überzeugt zu sein. Als Peter sich von ihr verabschiedete, gebrauchte sie folgende Worte:
„Ob das wirklich so ist, wie ihr vermutet, davon muss ich mich persönlich überzeugen. Ich könnte nicht mit einer Lüge weiterleben."
„Was das nun eigentlich bedeutet, ist mir auch nicht klar. Na, wir werden sehen."

Zum Abschied wurde Peter von Ralf gebeten, Nico Schwarz zu beauftragen, den Kontakt zur Redaktion des „Bührstädter Boten" aufzunehmen. Nico hatte gute Kontakte zur Redaktionsleitung, und er sollte ihr über die wahrscheinliche neue Entwicklung in seinem Falle berichten. Jedenfalls sollte die Redaktion für

Donnerstag, den 22.06., Platz in ihrer Zeitung für einen Artikel zur Richtigstellung seiner Verhaftung vorsehen. Er sei gerade dabei, für sie einige Gedanken zu formulieren.

Zwischenverfahren   Dienstag, den 18.06.2013

Das Zwischenverfahren ging so aus, wie Ingo es vorausgesehen hatte. Es endete mit einem Fiasko für Dr. Kneer. Der Richter war selbst bei der Kandidatenvorstellung der Bürgermeister dabei gewesen und konnte sich sehr gut vorstellen, dass das ganze Verfahren nur inszeniert wurde, um die Wahl für Werner Roth zu sichern, den er anscheinend auch nicht ausstehen konnte. Dabei wollte er auf keinen Fall mitspielen. Als Tanja gar nicht als Zeugin auftrat, auch kein ärztliches Attest und sonstige Indizien für die Vergewaltigung vorgelegt wurden, entschied er kurzer Hand für die Aufhebung des Haftbefehls gegen Ralf. Der Staatanwalt legte Widerspruch ein, der aber umgehend abgelehnt wurde. Gleichzeitig beantragte der Richter ein Verfahren gegen Dr. Kneer wegen Anstiftung zur Falschaussage. Das sollte aber in einem getrennten Verfahren verhandelt werden.

Überglücklich umarmte Ralf seinen Rechtsvertreter Ingo. Nach der nicht öffentlichen Verhandlung wollten sie sich mit den anderen im „Bären" treffen. Auch diese waren natürlich überglücklich. Gut gelaunt stießen sie auf ihren gemeinsamen Erfolg an, doch gab Ingo folgendes zu bedenken:
„Wir haben bei der ganzen Geschichte auch eine Portion Glück gehabt, und die Gegenseite hat einen Fehler begangen."
„Na welchen denn?", wollte Nico wissen.
„Sie hat sich schlichtweg in der Zeit verkalkuliert. Hätte sie nämlich ihre ganze Aktion eine Woche später angesetzt, dann wäre die Zwischenverhandlung vor der Bürgermeisterwahl gar nicht möglich gewesen. Sie hätte erst nach der Bürgermeisterwahl stattgefunden und die Wahl wäre gelaufen gewesen, bevor sich Ralfs Unschuld erwiesen hätte."

Doch diese Aussage interessierte Ralf nur nebenbei. Er war in Gedanken ganz woanders. Insgeheim hatte er gehofft, dass vielleicht doch auch Gaby kommen würde. Doch nichts dergleichen geschah. Gleich sollte er erfahren, warum das nicht sein konnte, denn Peter erzählte, dass er bei Gabys Tochter angerufen hatte, die aber auch nur wusste, dass Gaby seit Tagen verreist war. In den langen Nächten im Gefängnis hatte Ralf immer wieder darüber nachgedacht, was der Satz wohl bedeutete: „Davon muss ich mich persönlich überzeugen." Irgendwie musste ihre Abwesenheit damit zusammenhängen.

Richtigstellung   Donnerstag, 20.06. 2013

Am 20.06. erschien folgender Zeitungsartikel im „Bührstädter Boten".

Sensationelle Wende
im Strafverfahren gegen Ralf Rein
Ralf Rein vollständig rehabilitiert

Die Redaktion unserer Zeitung muss sich den Vorwurf gefallen lassen, dass sie bei dem am 11.06 2013 erschienen Artikel: „Ehemaliger Zeitungsreporter- ein Kommunist und Vergewaltiger?" schlecht recherchiert und gutgläubig Aussagen übernommen hat, die sich später als falsch erwiesen haben. Dadurch wäre es fast zu einem bedauerlichen Justizirrtum gekommen. Der beschuldigte Ralf Rein war früher weder Mitglied in der Kommune mit Langhans und Teufel noch Mitglied in der RAF. Gestern wurde er von dem Vorwurf der Vergewaltigung freigesprochen und befindet sich auf freiem Fuß. Das angebliche Vergewaltigungsopfer erschien überhaupt nicht zur Verhandlung, und es wurden von der Klägerseite keinerlei Indizien für eine Vergewaltigung wie etwa ein ärztliches Attest, Spermaspuren usw. erbracht. Dem Beobachter drängt sich der Verdacht auf, dass die ganze Hetze gegen Ralf

Rein nur inszeniert wurde, um ihn unglaubwürdig erscheinen zu lassen und die Wahlchancen des UPD-Kandidaten nicht zu gefährden. Aus diesem Grund wird nun gegen die Person, die das angebliche Vergewaltigungsopfer dazu bewegte, eine Anzeige zu erstatten, wegen des Versuches zur Anstiftung einer Falschaussage ermittelt. Die Redaktion entschuldigt sich in aller Form für diese Fehleinschätzung und die fehlerhafte Berichterstattung in dem vorliegenden Fall. Diese wird auch persönliche Konsequenzen für einige Mitarbeiter in unserer Redaktion nach sich ziehen.

Die Wahl   Sonntag, den 23.06.1013

Die Wahlen gingen klar für den SPD-Kandidaten mit 62% zu 38% aus. Bei ihrer nächsten 60 plus - Sitzung erschien der neue Bürgermeister Robert Hahn als Gast und bedankte sich ausdrücklich für die Unterstützung bei der Versammlung. Er unterstrich, dass er schon lange ihre Tätigkeiten beobachtete und voll hinter ihren sozialen Angeboten stehe. Er halte ihre Organisation für absolut sinnvoll und werde ihre Aktivitäten unterstützen, allerdings kaum mit Geld. Das sei nun einmal nicht vorhanden, aber es gebe ja auch noch andere mögliche Formen, wie ideelle und bürokratische Hilfen." Zu Ralf persönlich äußerte er sich unter vier Augen ganz offen:

„Ich weiß wohl, dass ich ohne Sie die Wahl kaum gewonnen hätte. Sie können immer auf mich zählen."

Das Angebot, die 60 plus - Seniorengruppe zu unterstützen, sollte sich später noch als hilfreich für die Pläne von Ralf erweisen. Werner Roth zog kurz nach der Wahlniederlage weg von Bührstadt. Auch Dr. Kneer gab seine Praxis auf ließ sich an einem unbekannten Ort nieder. Er kam ohne Strafverfahren davon, denn dazu hätte man die Zeugin Tanja Krochosowa gebraucht, die nie mehr in Deutschland auftauchte. Die UPD-

Fraktion im Gemeinderat löste sich nach einem Jahr vollständig auf, nachdem ihre führenden Köpfe die Stadt verlassen hatten.

Als sie sich beim nächsten Treff der 60 plus - Gruppe trafen, gab es natürlich viel zu besprechen. Alle waren glücklich, dass das für Ralf doch so bedrohliche Ereignis noch einen guten Ausgang genommen hatte. Gleichzeitig schweißte es die Gruppe, vor allem Ralf, Ingo, Nico, Peter und Pater Erich noch mehr zu einer verschworenen Gemeinschaft zusammen. Wer fehlte, war Gaby, anscheinend war sie wieder zu Hause, kam aber weder zu den Treffen noch zu den Kartenabenden.

Wochen später   20. 07. 2013

Mehrere Wochen vergingen. Das Fehlen von Gaby wirkte sich immer frustrierender auf Ralf aus. Er konnte Parallelen zu der Zeit nach Karins Tod ziehen. Auch damals war er sich einsam und verlassen vorgekommen und zeigte Anzeichen von Depressionen. Mit ihrer Frische, ihrer guten Laune und ihrem offenen Wesen hatte Gaby wieder Licht in sein Dasein gebracht. Sollte das alles vorbei sein? Aber musste ausgerechnet er den ersten Schritt wagen? Hatte nicht sie an ihm gezweifelt und sich geirrt? Dann musste sie doch auch auf ihn zukommen. Doch im Laufe der Zeit setzte sich bei ihm immer mehr die Erkenntnis durch, dass es doch eigentlich nur verletzter Stolz von ihm war, der ihn zurückhielt, Kontakt zu ihr aufzunehmen? Auch trat die Schuldfrage eigentlich immer mehr in den Hintergrund. Es war doch eigentlich völlig egal, wer Schuld an ihrem Streit hatte. Je mehr Zeit verstrich, desto stärker wuchs in ihm die Bereitschaft, über seinen Schatten zu springen und bei ihr vorbei zu gehen. Gerade als er einen Artikel für die „Stuttgarter Zeitung" schrieb, klingelte es. Er öffnete die Türe und vor ihm stand Petra, Gabys Tochter mit ernstem Gesicht.

„Ralf, kann ich dich kurz sprechen?"

„Aber ja doch Petra, komm herein. Ich freue mich, dich zu sehen. Setz dich bitte."

„Du wirst dir denken können, warum ich hier bin?"

„Gaby?"

„Ja, ich bin hier wegen meiner Mutter Gaby. Ich kann es nicht mehr mit ansehen, wie sie leidet. Sie geht nicht mehr aus, sie isst kaum noch etwas und hat enorm an Gewicht verloren."

„Ja, warum kommt sie dann nicht zu mir, und wir regeln alles unter uns?"

„Sie weiß nicht, wie du ihr gegenüber eingestellt bist und ob du ihr verzeihen kannst? Gleichzeitig hat sie noch ihren Stolz und hat auch davor Angst, dass du sie abweisen könntest, weil du verbittert bist und nichts mehr mit ihr zu tun haben willst. Es ist ihr völlig klar, dass sie damals, als du bei ihr angerufen hast, falsch reagiert hat. Aber sie hat es sich auch nicht leichtgemacht. Sie wollte eben absolute Sicherheit, dass die Vorwürfe dir gegenüber haltlos waren. Sie ist damals, als Peter Haller bei ihr war und ihr euren Verdacht gegenüber Dr. Kneer geäußert habt, alleine nach Serbien gefahren und hat dort Tanja besucht, von deren Mutter sie die Adresse hatte. Tagelang hatte sie Tanja bearbeitet, bekniet und angefleht, ihr doch die Wahrheit zu sagen und nicht das Leben von zwei Menschen zu zerstören. Erst am 3. Tag war Tanja endlich bereit, zuzugeben, dass Dr. Kneer die ganze Intrige gegen die Bezahlung von 10 000 € eingefädelt hatte. Gleichzeitig stellte sie klar, dass sie schon wegen der möglichen Strafverfolgung niemals mehr nach Deutschland zurückkehren und das Geld auch nicht zurückzahlen werde. Offen bekannte sie sich dazu, dass ihr in diesem Falle das Schicksal ihrer kranken Mutter wichtiger als das Schicksal fremder Menschen sei. Als Gaby wieder nach Deutschland zurückkam, hattet ihr das Problem schon alleine gelöst. Ralf, ich bitte dich, unternimm etwas, sonst geht meine Mutter zugrunde! Glaub mir, sie wartet nur darauf!"

Langes Schweigen.

Mehr zu sich als zu Petra dachte er laut: „Manchmal verhalten sich die Erwachsenen auch nicht anders als die kleinen Kinder. Wegen verletztem Stolz und Angst davor, zurückgewiesen zu werden, unterlassen sie die Schritte, die so wichtig für sie wären. Damit meine ich mich genauso wie Gaby. Wo ist Gaby jetzt?"

„Sie sitzt zu Hause und wartet auf dich. Ich habe ihr gesagt, dass ich zu dir fahre."

„Dann nichts wie los! Ehrlich gesagt, ich bin richtig froh, dass endlich etwas passiert. Ich muss nur noch etwas mitnehmen."

Er betrat mit Petra das Haus von Gaby, und am Wohnzimmereingang kam sie ihnen entgegen. Er erschrak, als er sah, wie dünn sie geworden war.

„Jetzt nichts sagen," flüsterte er ihr zu und nahm sie in die Arme. Petra schloss hinter ihnen die Türe und verließ das Haus. Nach einer langen Umarmung setzten sie sich an den Tisch. „Du kannst mir also verzeihen? Es war so furchtbar für mich, als Tanja so anschaulich von der Vergewaltigung erzählt hatte. Für mich ist einfach eine Welt zusammengebrochen. Ich konnte keinen klaren Gedanken mehr fassen," sprudelte es aus ihr heraus, nun wieder in Tränen aufgelöst.

„Ich habe dir längst schon verziehen. Das ist aus und vorbei. Ich weiß ja nicht, wie ich reagiert hätte, wenn man mir eine ähnliche Geschichte von dir aufgetischt hätte. Pass auf! Ich habe einen Sekt mitgebracht. Wir müssen auf einen Neuanfang anstoßen. Bring bitte ein paar Gläser her!"

Altenheimfalle

(August 2013)

Seit ihrer Versöhnung war das Verhältnis von Gaby und Ralf noch herzlicher und enger geworden. Jeder von ihnen musste wohl zuerst einmal leidvoll erfahren, wie das Leben ohne den anderen aussehen würde und was sie an dem jeweils anderen hatten. Häufig übernachteten sie nun auch gemeinsam bei ihm oder bei ihr.

Auch das zweite Ereignis, das Ralf seinem Ziel „Gründung einer Senioren WG" näherbrachte, war eher trauriger Natur. Ihr erster Vorsitzender und Skatbruder Uwe Frenzel hatte 81-jährig einen Schlaganfall erlitten und saß halbseitig gelähmt im Rollstuhl. Seine Frau war schon vor 14 Jahren gestorben und sein Sohn arbeitete in den USA. Ihm hatte Uwe eine Generalvollmacht ausgestellt, die jetzt natürlich wenig hilfreich war. Pater Erich hatte mit ihm telefoniert und er teilte ihnen mit, dass er im Augenblick nicht nach Deutschland kommen könne. Er würde ihnen die weiteren Maßnahmen überlassen, habe volles Vertrauen in sie und würde seinen Vater auf jeden Fall finanziell unterstützen, denn Geld sei ja bei ihnen nicht das Problem. In den nächsten Tagen schickte er sein schriftliches Einverständnis und die Vollmacht, dass Pater Erich vorerst die Betreuung seines Vaters an seiner statt übernehmen solle. Nico Schwarz übernahm für Uwe den Vorstand. Sie unterhielten sich in der Gruppe miteinander und veranlassten vorerst, dass Uwe in die Tagespflege des im Ort vorhanden Alten- und Pflegeheimes kam. Nun tauchte die Frage auf: „Wie geht es mit Uwe weiter?" Sie unterhielten sich auch mit Uwe, der bis auf einige Sprachschwierigkeiten wie es schien, geistig unversehrt durch den Schlaganfall geblieben war und suchten nach einer Lösung. Zeitweilig fassten sie auch eine Lösung mit einer osteuropäischen Hilfskraft ins

Auge, aber die Wohnung von Uwe war zu klein und zu verbaut, als dass eine zusätzliche Person darin leben könnte, und sie war auch vor allem nicht altersgerecht ausgestattet, ein Leben mit einem Rollstuhl zu führen war darin ausgeschlossen. So schwer es ihnen fiel, und so hart es für Uwe war, es gab keine andere Lösung als ihn in dem privaten Altenheim St. Luckas unterzubringen, in dem er sich schon in der Tagespflege befand. Nach langen Gesprächen hatte Uwe dies selbst unter Schluchzen vorgeschlagen. In der 60 plus - Gruppe organisierten sie einen Besuchsdienst, der ihn mindestens zweimal in der Woche besuchte. Ganz unverhofft waren sie nun mit dem Problem konfrontiert, das eines Tages auf alle von ihnen zukommen könnte: Wie und wo werde ich einmal im Alter leben und wohnen?

Einige Monate waren seit der Bürgermeisterwahl vergangen. Sie hatten ihre Skatrunde im „Bären" hinter sich und tranken noch einen „Absacker" Da fragte Ingo in die Runde:

„Ich habe gestern Uwe besucht. War denn jemand von euch in den letzten Tagen zu Besuch bei Uwe im Altenheim?"

Drei Personen hoben die Hand. „Ich weiß nicht, wie es euch ergeht, aber ich habe einen ganz schlechten Eindruck von dem Heim. Auch Uwe ist keineswegs glücklich und weinte die meiste Zeit, in der ich dort war."

Die anderen gaben zögernd zu, dass jeder Besuch einen deprimierenden Eindruck bei ihnen hinterlasse.

„Das hätte ich jetzt nicht erwartet. Das Heim hat vom medizinischen Dienst das Zertifikat ‚sehr gut' erhalten, machte sich Pater Erich Vorwürfe.

Doch aus seiner früheren Tätigkeit als Journalist wusste Ralf, dass Zertifikate als gut geführte Altenheime viel zu leicht vergeben werden. Nun schlug Ingo vor, mit einer Abordnung Uwe zu besuchen, und wenn möglich mit dem Pflegepersonal und auch mit der Heimleitung zu sprechen. Gaby, Ralf, Ingo und Pater Erich wollten in zwei Tagen diesen Besuch abstatten.

Sie trafen sich gegen 14.30 Uhr vor dem Altenheim. Ein schöner Park lag vor der dem Eingang und hinterließ bei ihnen einen guten Eindruck. Insgesamt waren 45 Personen in dem Heim untergebracht. Auf dem Weg zu Uwes Zimmer, das im 2. Stock lag, mussten sie durch lange Gänge laufen, in denen die Demenzkranken und Pflegefälle in den Rollstühlen vor sich hindämmerten und manche mit zurückliegendem Kopf und ohne Gebiss laut schnarchten.

„Furchtbar, man kommt sich vor wie in einer Leichenhalle," flüsterte Gaby Ralf zu.

Und wieder stieg Ralf der penetrante Küchengeruch, vermischt mit Uringestank in die Nase, den Ralf schon von den Besuchen bei seiner Mutter im Pflegeheim kannte. Auf dem Weg zum 2. Stock traf Pater Erich einen jungen Mann, der als „Zivi" hier arbeitete und der früher in seiner Kirche Ministrant gewesen war. Sie begrüßten sich herzlich und Pater Erich fragte ihn, ob er so etwa in einer halben Stunde etwas Zeit für ein Gespräch hätte. Sie würden vorher einen Besuch bei Herrn Frenzel abstatten.

„Geht in Ordnung. Ich habe gleich Feierabend. Doch treffen wir uns lieber im Zimmer von Herrn Frenzel. Die Heimleitung muss nicht unbedingt sehen, dass ich mich mit Ihnen unterhalte."

Sie klopften an der Zimmertüre von Uwes Zimmer und hörten ein leises Herein. Beim Blick ins Zimmer waren sie erschüttert. Uwe, den jeder von ihnen fast immer tadellos gekleidet mit Krawatte kannte, hing in seinem Rollstuhl und sah verwahrlost aus. Er war ungekämmt, sein Hemd und seine Hose hatten viele Flecken und er stank penetrant nach Urin. Zwar ging zuerst ein Strahlen über sein Gesicht als er sie sah, aber dann fing er zu schluchzen an.

„Riecht ihr es auch. Sie haben mir zur Strafe die Windeln nicht gewechselt, als ich mein Mittagessen verweigert habe. Es war ungenießbar, das Fleisch war so hart, dass ich es nicht beißen konnte, die Nudeln waren verkocht und die Soße geschmacklos. Ich habe keinen Bissen heruntergebracht. Wenn ich nur Sterben dürfte."

„Ist das eine von den Mitleidstouren, die alte Leute gerne anwenden um Aufmerksamkeit zu erregen?" fragte sich Ralf und fühlte an der Hose von Uwe. Sie war tatsächlich nass, die Windeln hatten den Urin wohl nicht mehr aufgesaugt.

„Uwe, hier haben wir dir eine Flasche Rotwein, den du immer so gerne getrunken hast mitgebracht, und Gaby hat noch einen Kuchen gebacken. Wir stellen ihn hier hin. Komm, ess doch gleich ein Stück! Du wirst Hunger haben, wenn du nichts gegessen hast," versuchte ihn Ingo aufzuheitern.

„Dabei kannst du uns einmal erzählen, wie es dir so ergeht."

Uwe winkte nur ab: „Ihr könnt euch das Leben hier nicht vorstellen. Du bist total entmündigt. Du musst essen, wenn du keinen Hunger hast, ins Bett gehen, wenn du noch nicht müde bist und aufstehen, wenn du schlafen willst. Dazu hin ist das Personal grob und aggressiv. Es gibt keinen Zeitvertreib und die Stunden wollen nicht verrinnen. Außer mir gibt es in dem ganzen Hause höchstens noch 3 Menschen, mit denen man sich vernünftig unterhalten kann, der Rest sind Demenzkranke oder Schwerstpflegefälle. Der Garten draußen wäre an sich ja ganz schön, aber niemand fährt mich hinaus. Einzig ein paar Zivis reden noch ab und zu mit uns und geben sich mit uns ab. Ich weiß nicht, ob alle Pflegeheime so sind, aber der Aufenthalt im Pflegeheim hier ist der Vorhof zur Hölle. Das möchte ich niemandem wünschen."

Er schluchzte heftig und seine Freunde sahen sich betroffen an. Gaby hatte in seinen Schrank geschaut und ein paar frische

Windeln entdeckt. Sie scheuchte die anderen aus dem Zimmer und behielt Ralf da. Sie hoben Uwe aus dem Rollstuhl, legten ihn ins Bett und wechselten seine Wäsche. In diesem Augenblick erschien eine Pflegerin und herrschte sie an, was sie denn hier tun würden. Nun wurde Gaby energisch, wie sie Ralf noch nie gesehen hatte:

„Wir tun das, was Sie schon seit Stunden hätten tun müssen. Wir wechseln die total durchnässten Windeln aus. Was ist denn was für ein Heim? Das sind ja Zustände, die man niemandem erzählen darf!"

„Das melde ich der Heimleiterin," entgegnete die Pflegerin, und Ingo, der vom Gang ins Zimmer schaute, setzte hinzu: „Dann kann ich doch gleich mitkommen und mich mit ihr unterhalten."

Beide verließen den Raum.

„Dafür werde ich wohl später büßen müssen," jammerte Uwe.

Nun klopfte es wieder, und der Zivi kam herein. Er begrüßte Uwe herzlich und wandte sich ihnen zu. Pater Erich wiederholte die Klagen von Uwe und fragte ihn ganz direkt, ob diese denn stimmen würden und was er von dem Heim halte.

„Also ganz ehrlich, ich war schon in einem anderen Pflegeheim, aber dieses Heim ist um Klassen schlechter. Vielleicht hängt es damit zusammen, dass es ein privates Heim ist und jeder eingesparte Cent in die Tasche der Besitzer fließt. Meiner Meinung nach haben sie hier eine viel zu dünne Personaldecke, so dass die Pfleger überlastet sind. Das macht sie aggressiv und geht zu Lasten der Bewohner. Auch sind meiner Beurteilung nach zu wenig Fachkräfte und zu viele ausländische Hilfskräfte hier, wobei ich nichts gegen diese sagen will, denn sie verhalten sich oft menschlicher als die Deutschen. Neben dem Personal kann man in einem Heim am meisten am Essen einsparen, und das ist hier auch der Fall. Das Essen ist wirklich eine Katastrophe und es wird gespart, wo man kann. Das Gesundheitsamt müsste einmal vorbeikommen und überprüfen, ob denn nicht manche Nahrungsmittel das Haltbarkeitsdatum überschritten haben. Auf jeden Fall hatte ich auch schon verschimmelten Käse auf dem Teller, und wirkliches frisches Obst, Gemüse und Brot gibt es selten. Ich bin froh, wenn mein Zivildienst hier beendet ist. Aber was ich Ihnen hier geschildert habe, bleibt unter uns, sonst muss ich es nachher büßen."

„Kann man denn gegen die Heimleitung nichts unternehmen?", fragte Gaby.

„Doch schon. Die Lösung müsste von außen kommen, weil viele Angehörigen Angst haben gegen die Heimleitung vorzugehen. Sie haben Angst davor, dass sie dann selbst eventuell die Angehörigen wieder mit nach Hause nehmen oder sich ein anderes Heim für sie suchen müssten. Um etwas zu unternehmen, müsste man über das Landratsamt die Heimaufsichtsbehörde zusammen mit dem Medizinischen Dienst anfordern, die dann einen unangekündigten Besuch abstatten und die Zustände und alle Bücher und Ausgaben überprüfen. Bei ernsthaften Beanstandungen könnten Geldbußen, Beschäftigungsverbote und sogar eine Schließung des Heimes verhängt werden, was allerdings selten ist, weil die bisherigen Bewohner ja dann in der „Luft hängen" würden." Nun kam Ingo „stinkesauer" zurück. Die Heimleiterin hatte ihn eiskalt abserviert. Sie hatte behauptet, in ihrem Hause würden alle Vorschriften eingehalten und sie hätten hervorragende Beurteilungen durch den Medizinischen Dienst. Die meisten Angehörigen des Heimes seien doch gar nicht mehr in der Lage zwischen Wahrheit und Lüge zu unterscheiden und würden häufig Unwahrheiten verbreitern, um sich aufzuspielen. Auch Uwe sei ein Typ, der ausgesprochen aufsässig und verlogen wäre. Gerade der Uwe.

„Mit der Frau bin ich noch nicht fertig."

Sie berichteten Ingo über die Einschätzung des „Zivis". Schnell war man sich einig, dass sie etwas unternehmen sollten. Pater

Erich schlug vor, Nico als Parteifreund des Bürgermeisters ein-
zuschalten, der dann über das Landratsamt eine unangemeldete
Überprüfung anordnen sollte. Schließlich müsste es auch im
Interesse des Bürgermeisters sein, dass die älteren Bürger seiner
Stadt in menschenwürdigen Unterkünften leben könnten. Er
selber wollte sich über die kirchliche Schiene erkundigen, ob bei
einer Enthebung der Heimleitung die Caritas oder eine ähnliche
Institution einspringen könnte, zumindest vorübergehend. Den
dazu passenden Pressebericht sollte Ralf schreiben. Die ganze
Zeit über hatte Uwe ihnen zugehört und konnte es kaum fassen,
dass nun tatsächlich etwas unternommen würde, um ihm und
seinen Mitbewohnern zu helfen.

„Uwe, du hörst von uns", verabschiedeten sie sich von ihm.

Auf Veranlassung des Bürgermeisters tauchte eine Woche später
unangemeldet die Heimaufsichtsbehörde auf und fand genug
Gründe, um die Heimleitung ihres Amtes zu entheben. Im Wesentlichen wurden folgende Punkte beanstandet: Eine zu geringe
Personaldecke, zu geringe Ausgaben für die Ernährung, abge-
laufenes Haltbarkeitsdatum bei Lebensmitteln und fehlende
Dienste an Patienten, die eigentlich zu den Standards gehören
müssten. Bemängelt wurden: Manche Personen wurden zu selten umgebettet und lagen wund in ihren Betten, Nichtversor-
gungen von älteren Wunden, Anziehen von Windeln, obwohl
die Personen diese gar nicht brauchten und man dadurch nur
die Hilfestellung der Pfleger einsparen wollte, die sie hätten zur
Toilette bringen müssen.

Zwei Tage später erschien folgender Zeitungsartikel von Ralf in
den „Bührstädter Nachrichten".

Menschenunwürdige Zustände im Bührstädter Altenheim

Heimleiterin des Amtes enthoben - kommissarische Leiterin eingesetzt

Auf Veranlassung unseres Bürgermeisters Robert Hahn und der 60 plus - Seniorengruppe, von denen ein ehemaliges Mitglied im Altenheim lebt, überprüfte die Heimaufsichtsbehörde durch den Medizinischen Dienst die Zustände im Altenheim. Sie deckte so eklatante Mängel in der Versorgung der Heimbewohner auf, dass gegen die bisherige Heimleiterin ein Berufsverbot auf 3 Jahre ausgesprochen wurde. Das Heim wird bis zu einer endgültigen Regelung von einer katholischen Stiftung weitergeführt. Die Verhandlungen über die Übernahme zwischen der Stiftung und der bisherigen Leiterin laufen noch, doch besteht natürlich von Seiten der Bewohner aber auch der Stadt großes Interesse daran, dass das Heim weitergeführt wird.

Folgende Mängel wurden entdeckt: Zu wenig Personal, mangelnde Dienstleistungen wie Nichtversorgung von Wunden, Liegenlassen von wundgelegenen Patienten, Einsparungen an Geldern durch Kauf von Nahrungsmitteln, bei denen das Haltbarkeitsdatum abgelaufen war, Nichtbeachtung von Hygienevorschriften und aggressives Verhalten gegenüber den Bewohnern. Kurz, es war offensichtlich, dass die Heimleitung mit allen Mitteln versuchte, den Gewinn zu steigern, indem die Kosten für die Versorgung gedrückt wurden, wie es anscheinend nicht selten bei privaten Pflegeheimen passiert.

Von den eklatanten Mängeln in dem oben genannten Heim ganz abgesehen, müsse man leider immer wieder feststellen, dass in vielen Pflegeheimen ein Denk- bzw. Konstruktionsfehler vorliege. Die Einrichtungen handeln, als wenn es erstrangig gelten würde, einen Patienten zu versorgen und nicht einem Menschen ein Zuhause zu bieten. Bei dieser professionellen Versorgung habe sich häufig das System verselbständigt, es bestimme den Tagesablauf des Bewohners und raube ihm die Selbständigkeit. Die Pfleger seien häufig mehr mit dem bürokratischen Ausfüllen von Formularen über ihre Tätigkeiten beschäftigt als mit Diensten an den Bewohnern. Diesem Prinzip wird alles untergeordnet und dabei werden häufig, schon aus Zeitgründen, die Menschen vergessen. Diese merken dann mit Entsetzen, wie sie immer mehr die Kontrolle über ihr Leben verlieren und den Einrichtungen fremdbestimmt ausgeliefert sind. Dabei sind sie doch ins Heim gekommen, um ein Zuhause zu erhalten, in dem sie weitgehend das Leben führen können, das den Umständen entsprechend, sie sich wünschen und in dem sie noch Dinge tun dürfen, die ihnen wichtig sind und auf die sie sich noch freuen dürfen.

Dem Verfasser ist sehr wohl bekannt, dass man die oben genannten Missstände nicht verallgemeinern darf und dass es auch andere, bessere geführte Altenheime gibt, bei denen keine derartigen Fehlentwicklungen auftreten. Es muss unser aller Ziel sein, in Bührstadt ein Alten- und Pflegeheim zu erhalten, in dem die alten Menschen in Würde ihren Lebensabend verbringen können.

Die 60 plus - Gruppe ließ es sich nicht nehmen, nach der Entlassung der Heimleiterin an einem der folgenden Nachmittage mit 10 Mann, einer Kiste Rotwein, vielen Kuchen und einer Dreimannkapelle beim Heim vorbeizukommen und ein rauschendes Fest zu veranstalten. Die Bewohner erwarteten sie festlich gekleidet am Eingang, klatschten laut Beifall als sie ankamen. dann wurde gesungen und getanzt. Der glücklichste Mensch aber war Uwe, der auch stolz darauf war, dass er mit dazu beigetragen hatte, dass sich noch alles zum Besseren gewendet hatte.

In der nächsten Sitzung der 60 plus - Gruppe sprachen sie noch einmal über die Vorfälle. Alle waren entsetzt über die Zustände, die dort geherrscht hatten, aber irgendwie ging auch aus allen Äußerungen eine gewisse Besorgnis hervor, dass vielen von ihnen wohl ein ähnliches Schicksal drohen könnte, und es eben kaum ein Entrinnen aus der Altenheimfalle geben würde. Nun sah Ralf seine Stunde für gekommen:

„Ich bin in diesem Punkt völlig anderer Meinung als ihr. Es gibt eine Lösung für dieses Problem, nur haben diese Lösung noch nicht so viele ausprobiert, und sie verlangt Mut von allen Beteiligten. Außerdem braucht man eine Gruppe, die miteinander harmoniert."

„Wie, du meinst es gibt noch eine andere Möglichkeit als sich im Alter zu erschießen oder ins Altenheim zu gehen, wenn man keine Angehörigen mehr hat?" fragte Ingo provokativ.

„Ja, das meine ich wirklich. Und die Lösung, die mir vorschwebt, probiert ein anderer bekannter Mann gerade aus. Dieser Mann kommt am 27. September zu einer Autorenlesung nach Bührstadt. Den Termin habe ich zusammen mit der Volkhochschule schon vor einem halben Jahr vereinbart, als Uwe noch kerngesund war. Besucht diesen Vortrag, dann wisst ihr, was ich meine. Der Name des Mannes ist Henning Scherf, der frühere SPD-Bürgermeister von Bremen."

Nun musste Gaby doch nachfragen: „Lebt der nicht in so einer Art Kommune oder Wohngemeinschaft?"

Monika Haller, Peters Frau hakte nach: „Der hat doch das Buch „Grau ist bunt" geschrieben".

„Haargenau, der ist es. Aber mehr nicht dazu. Besorgt euch rechtzeitig Karten! Der Mann ist gefragt. Warten wir einmal ab, was er uns zu sagen hat und dann können wir in einer Sondersitzung darüber wir reden, ob seine Vorstellungen und Ideen auch für uns etwas wären."

Es fanden innerhalb der Gruppe heftige Diskussionen in den nächsten Wochen bis zur Autorenlesung von Henning Scherf statt. Einige äußerten die Ansicht, dass, so wie sie bisher Ralf kennen gelernt hätten, man davon ausgehen könne, dass er zu dieser Thematik sicherlich etwas „im Köcher" habe. Manche sprachen Gaby an, aber die antwortete nur, dass sie selbst bei Ralf schon nachgefragt und er ihr geantwortet hätte, dass er mit seiner verstorbenen Frau schon vor ihrem Tode ein ähnliches Projekt durchführen wollte. Ralf hatte ihr diese Antwort gegeben, weil er nach wie vor immer wieder gefragt wurde, wann sie endlich zusammenziehen würden.

Autorenlesung von Henning Scherf

(20. September 2013)

Es folgt nun das dritte Ereignis, das Ralf in seinen Planungen weiterhelfen sollte. Alle warteten gespannt auf den Abend der Autorenlesung, aber auch darauf, was Ralf dann vorschlagen würde.

Nach dem Kartenvorverkauf mussten sie in die größere Stadthalle ausweichen, so groß war die Nachfrage nach Karten gewesen. Beim Betreten des Saales stellte Ralf mit Interesse fest, dass manche seiner 60 plus - Kameraden ihre schon erwachsenen Kinder und ihre Ehegatten mitgebracht hatten.

Nachdem Nico kurz Henning Scherf und seine Vita vorgestellt hatte, übergab er ihm das Wort. Scherf war ein glänzender Redner und wusste, wie er die Zuhörer anpacken musste. Seine Ausführungen bezogen sich fast ausschließlich auf sein Buch, in dem er ja die Verwirklichung der Wohngemeinschaft in Bremen schildert, die er mitbegründet hatte und in der er selbst seit fast 30 Jahren lebt. Gleich zu Beginn stellte er einige Statements für die Zuhörer auf, die bei diesen gut ankamen, und die sie so noch nicht gehört hatten. Er sprach nahezu frei und las nur wenige Passagen aus seinem Buch vor.

Zu Beginn stellte er die entscheidende Frage, von der er seine Konzeption ableitete:

„Wie wollen wir in Zukunft leben,

- wenn wir nicht in einem Altenheim enden wollen -

- und wenn wir auch keine Angehörigen haben, bei denen wir unterkommen können -

- oder wenn die vorhandenen Angehörigen uns einmal auch nicht versorgen können oder wollen? -

Wir sollten uns die folgenden nicht zu leugnenden Tatsachen bewusstmachen:

- Die heutigen Menschen im Ruhestand leben viel länger als früher –

- Sie sind gesünder und fitter als frühere Rentner und daran interessiert, ihr eigenes Schicksal in die Hand zu nehmen-

- Ein Leben in einem Altenheim kostet heutzutage zwischen 3 500 € und 4 000 €

- Es gibt nicht wenige, die vor professioneller Heimversorgung warnen, weil sie diese Versorgung als ein System bezeichnen, das sich verselbständigt hat und den Tagesablauf der Bewohner bestimmt und ihnen ihre Selbstbestimmung raubt -

- Doch diese haben zwar ihren Job an den Nagel gehängt, aber nicht ihr Leben –

- Junge wollen ihre Unabhängigkeit, aber Alte auch -

- Wenn sie der Beruf nicht mehr prägt, dann ist es wichtig, dass sie in ihr Leben Struktur bringen –

- Sie müssen nicht mehr fremdbestimmt arbeiten, sondern können nun endlich selbstbestimmt leben –

- Sie suchen ihre neue Rolle in der Gesellschaft –

- Sie stellen sich die Frage, wie kann eine alternde Gesellschaft lebenswert bleiben? –

- Warum sollte ich alleine alt werden, wenn ein Leben mit Freunden und Bekannten viel lebenswerter ist? –

- Soziologen empfehlen, sich bereits in der Mitte des Lebens Pläne für später zumachen"–

Als eine mögliche Antwort auf all die oben aufgeführten Fragestellungen schlug nun Henning Scherf die alternative Wohnform „Seniorenwohngemeinschaft" oder auch „Seniorenkommune" vor, die er für sich selbst auch ausgesucht hatte. Bei dieser Wohnform leben mehrere ältere, nicht miteinander Verwandte gemeinsam in einem Haus, das jedem seine eigene Wohnung oder Zimmer, aber auch viele Gemeinschaftsräume bietet. Jeder Bewohner hat also die Möglichkeit, sich zurückziehen zu können oder gemeinschaftlich mit den anderen etwas zu unternehmen. Sie können sich umeinander kümmern, wenn sie gebrechlich und pflegebedürftig sind, sie können die Lasten des Alltags gemeinsam meistern, sie können die Freizeit gemeinsam gestalten, und sie werden durch diese Wohnform eine erhebliche Geldsumme für die Lebensführung einsparen.

Das Wohnmodell von Henning Scherf in Bremen umfasst 7 Wohnungen auf 5 Etagen mit 4 Eigentumsgruppen und drei Mietern. Die Wohngruppe wurde als wirtschaftlicher Verein mit Satzung und Geschäftsführung gegründet.

Nach diesen grundsätzlichen Erwägungen und Entscheidungen ging Scherf ins Detail, indem er ausführte, wie sie in Bremen ihre Senioren WG organisiert und aufgebaut hatten. Dabei gibt es 3 Ebenen, die zu beachten sind, nämlich die finanzielle, die organisatorische und die ideelle Seite. Er führte jede Ebene aus und es sollen an dieser Stelle nur ein Teil seiner Ausführungen aufgezählt werden:

Aussuchen einer geeigneten Immobilie - fertiges Wohnhaus kaufen oder einen Neubau planen - altersgerechte Ausstattung ist Grundvoraussetzung (barrierefrei) - Lage des Gebäudes (Stadtmitte oder Stadtrand, Verkehrsverbindungen), Finanzierung des Vorhabens (Eigentümer oder Mieter, Fördermittel) - Welche Gemeinschaftsräume sind wünschenswert - Hausordnung erstellen - Haustiere erlauben - Hausmeister und Putzfrauen einstellen - Ausscheiden eines Bewohners aus der WG (Tod, Streit) - gemeinschaftliche Anschaffungen (Autos, Waschmaschine, Spülmaschine, Fernseher, Computer) - gegenseitige Hilfen im Krankheits- und Pflegefall -

Die Zeit verging wie im Fluge. Bei der abschließenden Fragerunde wurden so viele Fragen gestellt, dass Nico nach zwei Stunden die Veranstaltung einfach abbrechen musste und Henning Scherf für seine interessanten Ausführungen dankte. Auf jeden Fall gingen die Besucher mit vielen Anregungen, aber auch mit vielen Fragen nach Hause. Auch auf den Gängen und bei manchen anschließenden Wirtshausbesuchen wurde noch heftig diskutiert.

Ralf hatte sich lange überlegt, ob er darauf hinweisen sollte, dass er selbst eine ähnliche Einrichtung für Bührstadt plane, und er deshalb in den nächsten Tagen ein Treffen einberufen werde. Er nahm aber Abstand davon, auf die Veranstaltung hinzuweisen, weil die Gefahr bestand, dass sich zu viele Menschen melden würden und sie das Problem hätten, sich entscheiden zu müssen, wen sie ablehnen und wen sie zulassen würden. Deshalb wollte er zuerst nur einmal die Mitglieder der 60 plus - Seniorengruppe einladen.

Bürgermeister Hahn, der von der Veranstaltung „Wind" bekommen hatte, lud sich selbst zu der bevorstehenden Veranstaltung ein, was nach Ralfs Ansicht kein Fehler war. Als er Gaby nach Hause brachte, fragte er sie direkt, was sie nun von der ganzen Sache halte.

„Ich weiß auch nicht so recht was ich sagen soll. Natürlich spricht vieles für ein derartiges Projekt. Wenn ich aber daran denke, dass ich dafür mein eigenes schönes Zuhause aufgeben soll, könnte ich weinen. Ich weiß heute noch nicht, ob ich bei einem derartigen Vorhaben mitmachen würde, obwohl ich dich natürlich nicht noch einmal verlieren will."

Einstieg ins Projekt Seniorengemeinschaft

(12. Oktober 2013)

Nach Rücksprache mit seinem Vorstand lud Ralf ihre Mitglieder zu einem gemeinsamen Treffen mit dem einzigen Thema „Gründung einer Seniorenwohngemeinschaft" ein. In dem Schreiben bat er auch darum, ihm konkrete Fragestellungen und Anregungen, aber auch Kritikpunkte vorab zu stellen, damit er sich gründlich vorbereiten konnte und die Sitzung möglichst effektiv ablief. Die Rückmeldungen verliefen eher spärlich. Einige interessante Hinweise gab es auf Gebäude, die eventuell für sie in Frage kommen würden. Auch wurden ihm die verschiedensten Gründe genannt, warum die betreffenden Personen sich auf keinen Fall bei einem derartigen Vorhaben mitmachen würden. Selbstverständlich notierte sich Ralf alle Anregungen und begann dann sein eigenes Konzept vorzubereiten, das sich in manchen Punkten von Hennings Scherfs Ideen unterschied.

Sie hatten sich in ihrem Stammlokal, „dem Bären" das Nebenzimmer gemietet und der Raum war brechend voll, so dass sogar einige Besucher stehen mussten, denn viele Mitglieder hatten wieder ihre Ehepartner, soweit noch vorhanden, und einige auch ihre erwachsenen Kinder mitgebracht. Als wieder einige seiner Gruppenmitglieder mit ihren erwachsenen Kindern an ihm vorbeiliefen, fragte er diese direkt, warum sie eigentlich kommen würden, denn im Grunde sei die Veranstaltung doch eher, so nannte er es scherzhaft, für sie „alte Säcke" gedacht. Peter Hallers Tochter Ruth antwortete ihm:

„Erstens finde ich es toll und mutig ein derartiges Projekt anzupacken. Zweitens interessiert es mich schon auch, wo meine Eltern einmal im Alter wohnen werden. Niemand weiß doch, ob ich später einmal noch hier im Ort ansässig bin und die Eltern im Alter unterstützen kann. Da wäre es schon eine Beruhigung, wenn ich wüsste, dass sie gut untergebracht sind und sich dort auch wohl fühlen. Aber ich habe noch einen ganz anderen Grund, warum ich hier bin. Ich bin am Ende meines Soziologiestudiums angelangt und möchte noch ein Aufbaustudium in „Gerontologie" anschließen, weil dann die Berufsaussichten positiver eingeschätzt werden. Dieses Studium möchte ich mit einer Doktorarbeit abschließen um dann später weiter in der Hochschulforschung tätig sein zu können. Da wäre die „Seniorengemeinschaft "ein Thema, das mich reizen würde und das auch für die Gesellschaft von Nutzen wäre. Wenn ich z.b. über die Entstehung, den Aufbau und das spätere Funktionieren im Alltag an einem konkreten Beispiel berichten könnte, wäre das super. Mein Professor für „Gerontologie" ist der gleichen Ansicht. Herr Rein, wären Sie denn bereit, mich mit ins Boot zu nehmen und mir Informationen dazu zu liefern?"

Etwas peinlich berührt schaute Peter beiseite, weil seine Tochter Ralf mit ihren persönlichen Anliegen belästigte.

„Ich bin der Ralf und werde ab jetzt Ruth zu dir sagen. Bis jetzt ist das ganze Projekt ja nur in meinem Kopf. Wer weiß denn, ob es je verwirklicht wird".

„So viel ich von dir bisher mitgekriegt habe, zweifle ich daran kein bisschen," machte sie ihm nicht ungeschickt ein Kompliment.

„Nun gut, jetzt sind wir schon zwei, die an unsere Senioren WG glauben," antwortete er lachend.

„Sobald klar ist, dass wir das Projekt durchführen, setzen wir uns einmal zusammen und besprechen alles Notwendige. Aber da fällt mir ein, dass du dich für uns schon heute nützlich machen kannst und davon auch profitieren würdest. Du könntest doch vom heutigen Abend und von allen zukünftigen Sitzungen das Protokoll mitschreiben. Dann hättest du automatisch alle

wichtigen Informationen zur Hand und wir hätten einen Proto-
kollschreiber. Na, wie wäre das?"

„Aber das mach ich doch gerne, sofern ich nicht gerade durch
mein Studium verhindert bin. Wenn ich von dir die Termine
rechtzeitig erfahre, kann ich es wahrscheinlich meistens einrichten, hier zu sein," sagte sie spontan zu und war froh, dass sie in
Sachen Doktorarbeit nun konkret weiterkam.

Selbst gespannt, was der Abend bringen würde, trat Ralf ans
Rednerpult und bat um Aufmerksamkeit. Er begrüßte die Anwesenden und nannte den Sinn und Zweck der heutigen Veranstaltung. Er gehe davon aus, dass sich unter den heutigen Anwesenden einige im Saal befänden, die sich zuerst einmal über das
ganze Projekt informieren wollten, zwar schon ein Interesse daran hätten, aber eher noch zu den Unentschlossenen gehören
würden. Dann gebe es wahrscheinlich diejenigen, die sich schon
konkret informiert hätten und nun wissen wollten, wie das Vorhaben hier in Bührstadt umgesetzt werden könnte. Für diese
Gruppe würde dann eine Nachfolgeveranstaltung stattfinden,
bei der ganz konkrete Planungen angestellt werden könnten.
Das sei aber erst dann möglich, wenn schon der ungefähre Kreis
der Interessierten bekannt sei. Aber zuerst wäre es notwendig,
dass für alle als Grundlageninformation noch einige Einzelheiten
bekannt gemacht würden, denn die Autorenlesung von Henning
Scherf habe zwar wichtige Schrittmacherdienste geleistet, aber
da gäbe es noch viel zu ergänzen und den hiesigen Verhältnissen
anzupassen. Er fuhr fort: „Ich will Sie heute mit einer zugegeben
etwas platten Äußerung von Donald Sutherland begrüßen, die
da lautet: *„Das Gute am Altwerden ist schon mal, dass man nicht
jung gestorben ist.*" Nun mit dieser Äußerung werden sich die
wenigsten von uns zufriedengeben und sich selbst die wichtige
Ausgangsfrage stellen: „Wie wollen wir in Zukunft leben?" Die
Antwort würde wohl bei den meisten Menschen mit Sicherheit
lauten „Auf keinen Fall im Pflegeheim" und die meisten Ant-

worten würden auch den Wunsch enthalten, nach Möglichkeit bis zum Lebensende im eigenen Haus zu bleiben. Man müsste nun zuerst einmal abchecken, welche anderen alternativen Möglichkeiten außer Senioren WGs für die ältere Generation noch in Frage kämen, die diesem Wunsch entsprechen. Vorausschicken sollte man auch, dass die heutige ältere Generation im Vergleich zu früheren Generationen nicht nur länger, sondern auch gesünder lebe, denn nur ein Drittel der über 80-Jährigen brauche Pflegeleistungen. Folgende alternative Wohnmöglichkeiten werden im Augenblick schon angeboten:

1. Betreutes Wohnen- Seniorenwohnungen

Menschen, die in betreute Seniorenwohnanlagen ziehen, sollten finanziell abgesichert sein, denn das Leben in der Seniorenwohnanlage ist erheblich teurer als das Leben in der eigenen Wohnung. In der Regel ziehen Menschen in „Betreute Seniorenwohnanlagen", die noch selbständig leben können und die ein hohes Sicherheitsbedürfnis haben. Ihnen werden altersgerechte Wohnungen angeboten, ein Betreuungsservice mit Pflegedienst und Hausmeister, sowie ein Notruf. Es werden einem also schon viele Arbeiten abgenommen. Manche Menschen bezeichnen Seniorenwohnanlagen aber auch als „Mogelpackungen," weil die Vorstellung, dass man dort versorgt leben kann, eine Illusion ist.

Zwar sind ambulante Pflegedienste vorhanden, aber sie müssen alle extra bezahlt werden. Auch die Kosten für den Grundservice müssen für jeden Monat bezahlt werden, egal ob er genutzt wird oder nicht. So ist das Wohnen in einer Seniorenwohnanlage erheblich teurer als in der eigenen Wohnung, und die oft auch gesuchte Gemeinschaft wird dort oft nicht gefunden. Muss ein Mieter rund um die Uhr betreut werden, so ist er in der Seniorenwohnanlage auch nicht am richtigen Platz und würde besser in ein Pflegeheim umziehen.

2. Seniorengenossenschaften

Die älteren Menschen bleiben möglichst bis zum Lebensende in der eigenen Wohnung oder im eigenen Haus. Nach dem Genossenschaftsprinzip schließen sie sich in einem Verein zusammen und erhalten kostengünstige Hilfen von noch rüstigen Älteren durch Hilfen von Mitgliedern für Mitglieder. Diese niederschwelligen Leistungen bestehen aus Fahrdiensten und „Hilfen im und ums Haus" aber nicht aus Pflegeleistungen. Die Helfer erhalten eine sinnvolle Lebensaufgabe und eine geringfügige Vergütung. Bei Bedarf kann diese Art der Versorgung noch mit der ambulanten Versorgung von Pflegediensten kombiniert werden. Der frühere baden-württembergische Ministerpräsident Lothar Späth hatte diese Organisationsform ins Leben gerufen und auch den Satz geprägt: *„Bei dieser Lebensform sind die Alten nicht das Problem, sondern die Lösung des Problems".*

Die bekanntesten Seniorengenossenschaften in BW sind die Seniorengenossenschaften Riedlingen, Lenningen und die Seniorengemeinschaft Obere Fils e.V. (SEGOFILS).

3. Pflege mit osteuropäischen Pflegekräften

Muss jemand rund um die Uhr betreut werden und können diese Betreuung die Angehörigen nicht übernehmen, will diese Person aber nicht in ein Pflegeheim, so bleibt fast nur noch die Betreuung mit osteuropäischen Pflegekräften, denn die Betreuung durch deutsche Pflegekräfte, von denen man ja mindestens zwei bräuchte, würde zwischen 4 000 € - 5 000 € kosten. Man müsste im Haus oder in der Wohnung ein Zimmer und die Verpflegung für die osteuropäische Hilfskraft zur Verfügung stellen.

4. Mehrgenerationenhäuser

Hier leben Personen verschieden Alters, aber nicht miteinander verwandt, freiwillig zusammen in einem Haus, aber in separaten Wohneinheiten. Es gibt verschiedene Gemeinschaftsräume, die gemeinschaftlich genutzt werden. Die Bewohner wollen gemeinschaftlich wirtschaften und einen Lebensabend in Einsamkeit vermeiden. Das geschieht durch Arbeitsteilung wie etwa Betreuung der Kinder durch Ältere, die Jüngeren können zur Arbeit gehen oder übernehmen Aufgaben wie Schneeräumdienste, Fahrten usw. Jeder übt eine sinnvolle Beschäftigung aus und kommt sich nicht überflüssig vor. Es gibt keine Altersghettos, kein Generationenkonflikt, Kinder erhalten Ersatz für Großeltern. Soweit die Idealvorstellung. Jedoch ist es nicht jedermanns Sache zusammen mit kleinen Kindern zu leben (Lärm, Unruhe). Notwendige Pflegedienste für die Bewohner können hinausgeschoben, aber nicht ersetzt werden. Manche Bewohner leben in Eigentumswohnungen, andere in Mietswohnungen. Für die notwendigen Kosten hat nicht jeder die finanziellen Mittel. Es gibt aber, trotz staatlicher Förderung immer noch viel zu wenig Mehrgenerationenhäuser, so dass diese die sozialpolitischen bevorstehenden Konflikte der zunehmenden älteren Bevölkerung nicht wesentlich entschärfen können. Bekannte Mehrgenerationenhäuser in BW gibt es in Heslach und Schorndorf.

Liebe Anwesende, wenn Sie unter den eben beschriebenen alternativen Wohnmöglichkeiten im Alter schon etwas Passendes gefunden haben, dann darf man Sie beglückwünschen. Man kann auch nicht festlegen, welche Wohnform die bessere oder die richtige bzw. die falsche ist, sondern man muss die Frage so formulieren: Welche Wohnform ist geeignet für den betreffenden Menschentyp und seine Eigenarten? Als weitere Kriterien müssen natürlich auch die finanziellen Verhältnisse und der körperliche und psychische Zustand mit beachtet werden. Lassen Sie mich dies durch einige Beispiele verdeutlichen:

Wer in eine betreute Wohnanlage zieht, sucht Sicherheit und möchte möglichst viele Tätigkeiten abgenommen bekommen. Wer zusammen mit Seniorengenossenschaften alleine in seiner bisherigen Wohnung bleiben will, möchte noch möglichst lange selber aktiv bleiben und sucht die Eigenständigkeit fast um jeden Preis. Ich selber habe bei meiner Tätigkeit für Seniorengenossenschaften erlebt, wie vor allem alleinstehende Witwen in Häusern mit großen Gärten lebten und auf keinen Fall das Haus aufgeben und in ein Heim ziehen wollten. Wer in ein Mehrgenerationenhaus zieht, liebt Kinder und sucht die Gemeinschaft. Ich kenne aber viele ehemalige Lehrer, für die eine Ansammlung von schreienden Kindern der reine Horror wäre. Sie suchen Ruhe und wären in einem Mehrgenerationenhaus völlig fehl am Platze. Das wichtigste Unterscheidungsmerkmal ist bei den einzelnen alternativen Wohnmöglichkeiten auf der einen Seite wohl

- der Wunsch nach Geselligkeit, Gemeinschaft und die Angst vor Vereinsamung (Mehrgenerationenhäuser, Senioren WGs) -

- und auf der anderen Seite der Wunsch nach Ruhe, Eigenständigkeit, Individualismus -

So kann z.B. das Leben in einer Senioren WG für einsame Menschen mit dem Wunsch auf Anschluss die Rettung, für „Eigenbrötler" und Individualisten aber der Horror sein. Nach diesen grundsätzlichen Überlegungen möchte ich mich nun zuwenden der

5. Wohnform der „Seniorenkommune" oder „Senioren WG"

Zuerst einmal eine Minimaldefinition dieser Wohnform:

In einer Seniorenwohngemeinschaft leben mehrere ältere Personen oder auch Ehepaare, die nicht miteinander verwandt sind, gemeinsam in einer Wohnung oder in einem Haus. Jeder besitzt seinen eigenen Freiraum durch ein eigenes Zimmer oder eine eigene Wohnung. Zusätzlich gibt es Gemeinschaftsräume, die gemeinschaftlich genutzt werden. Diese Wohnform bietet ein familienähnliches gemeinschaftsorientiertes Leben, das vor Vereinsamung schützt und eine erhebliche Kostenersparnis für jeden Einzelnen bringt.

So, das ist die Minimaldefinition, die wir gleich erweitern werden. Viele haben ja schon Informationen durch Henning Scherf erhalten, einige haben mir auch geschrieben und wichtige Kriterien für die Senioren WG genannt. Diese wollen wir jetzt einmal zusammentragen. Wir wollen also jetzt Vor- und Nachteile plus Probleme bei der Senioren WG zusammenstellen und dann die einzelnen Schritte festlegen, die notwendig wären, um ein derartiges Projekt umzusetzen. Ich bitte nun um Wortmeldungen!"

Sofort meldete sich eine Person, die auch bei der Autorenlesung dabei war.

„Ich finde, dass die Beschreibung der Senioren WG von Henning Scherf kein wirklich realistisches Bild vom Leben in dieser Wohnform vermittelt hat. Ein Bekannter von mir, der in Bremen lebt, berichtet, dass Henning Scherf kaum am wirklichen Leben innerhalb der Wohnkommune beteiligt sei, weil er die meiste Zeit mit Vorträgen und Autorenlesungen unterwegs ist. Man könnte ihn als Aushängeschild oder als den ‚Salonkommunarden' bezeichnen, aber wirklich arbeiten innerhalb der Kommune würde er höchst selten."

„Etwas Ähnliches ist mir auch schon zu Ohren gekommen. Aber er war natürlich gewissermaßen als Anstoß zu dieser ganzen Thematik für uns schon hilfreich. Wir werden aber unseren eigenen Weg suchen und alles Gehörte kritisch hinterfragen müssen," stimmte Ralf ihr zu.

Nun stellten sie die einzelnen Punkte zusammen, die auf Zuruf der Anwesenden kamen:

Vorteile einer Senioren WG

Leben in der Gemeinsamkeit – keine Vereinsamung-

Erweiterung des Freundes – und Bekanntenkreises – gemeinsame Aktivitäten unternehmen-

Hausarbeiten und sonstige Tätigkeiten aufteilen – sich gegenseitig helfen und unterstützen-

Finanzielle Einsparungen durch: Nutzung der Gemeinschaftseinrichtungen wie Gemeinschaftsraum, Autos, Waschmaschine, Kühlschränke, Fernseher, Aufzüge,

Teilung der Nebenkosten für Strom, Wasser, Heizung, Hausmeister, Putzfrauen, gemeinsame Einkäufe für gemeinsames Mittagessen, evtl. Pflegekraft für mehrere Personen-

Keine Abschiebung ins Pflegeheim- im Notfall gegenseitig versorgen –

Zusammenfassend lässt sich feststellen: es wird mehr Lebensqualität geboten

„Liebe Anwesende, wenn wir die Liste der Vorteile von Senioren WGs lesen, dann muss man sich eigentlich fragen: Warum gibt es bisher so wenige davon? Es müssen also Gründe vorhanden sein, die das Zustandekommen dieser alternativen Wohnform verhindern. Wir wollen diese einmal zusammentragen, damit jeder sich darauf einstellen kann.

Nun meldete sich Lizza; die Ehefrau vom Rechtanwalt Ingo Reich:

„Ich will doch nicht, wenn wir beide im Ruhestand sind, jetzt die Putz- und Pflegekraft spielen und anderen den „Arsch" abzuwischen".

Ingo zuckte zusammen und schaute peinlichst berührt zu Boden.

„Da schwebt mir ein anderes Leben vor. Ich will im Ruhestand viele Reisen wie Kreuzfahrten unternehmen und mein Leben genießen."

Beifall heischend blickte sie um sich. Offensichtlich genoss sie es, im Mittelpunkt zu stehen. Neben Ralf schnaubte Gaby und Margit, die Frau von Nico, laut, auch einige Pfiffe waren zu hören. Aber auch sie erhielt Beifall. Horst Beyer, auch ein Mitglied der 60 plus - Seniorengruppe, ein ehemaliger Steuerberater und als kritischer Zeitgenosse bekannt, brachte noch eine andere Sichtweise ins Spiel:

„Wir fast alle haben jetzt ein wunderbares Haus, in dem wir uns jetzt so richtig wohl fühlen. Sollen wir das aufgeben für ein Zimmer oder eine kleine Zweizimmerwohnung? Und das nur deshalb, weil wir, was keineswegs sicher ist, vielleicht irgendwann einmal ins Pflegeheim müssten? Das kann doch niemand im Ernst von uns erwarten."

Auch hier gab es Beifall.

Jetzt hakte Ralf ein.

„Horst und Lizza, ihr habt beide einen wichtigen Punkt angesprochen. In der Tat sollte man ein derartiges Projekt möglichst bald angehen, solange man dazu noch in der Lage ist. Und zu diesem Zeitpunkt geht es einem meistens noch gut und man sieht überhaupt nicht ein, warum man etwas Gutes gegen etwas Schlechteres eintauschen sollte. So wie ihr zwei denkt sicherlich viele. Dem gegenüber kann man eigentlich nur drei Gründe vorbringen:

1. Man muss auch an spätere Zeiten denken, wenn man älter und eventuell alleine und einsam ist oder in einem Pflegeheim leben muss. Gegenüber dieser Alternative muss man die Vor- und Nachteile abwägen.

2. Aber für manche älteren Menschen werden im Alter, wenn die Kinder ausgezogen sind, ihre Häuser auch zu groß, und sie können das große Haus und den großen Garten kaum noch bewältigen oder müssen einen Gärtner bestellen. Nicht ohne Grund verkaufen manche Pensionäre nach der Pension ihre Häuser und kaufen sich eine Eigentumswohnung, bevor dann der Schritt ins Altenheim ansteht. Und diese beiden letzten Schritte können wir uns bei unserem Konzept sparen.

3. Für mich ist allerdings der entscheidende Punkt: Ob das Leben in der Senioren WG wirklich weniger lebenswert für den Einzelnen trotz zugegebenermaßen weniger Luxus sein wird, diese Beurteilung muss man jedem selbst überlassen. Ich kann nur für mich sprechen: Ich lebe gerne in einer Gemeinschaft, unternehme gerne etwas mit Gleichgesinnten wie z.B. Karten spielen, Sport treiben, Fußballspiele im Fernsehen anschauen und gemeinsam kulturelle Veranstaltungen besuchen. Die Umsetzung eines derartigen Projektes ist eine sinnvolle Lebensaufgabe, die uns in Trab halten wird. Auch das

Gefühl, vielleicht etwas Sinnvolles und Wegweisendes für unsere Gesellschaft zu leisten und zu helfen, die demografische Gefahren etwas abzubauen, das alles ist für mich Motivation genug. Unser Dasein bekommt Sinn und Ziel ohne an Lebensqualität zu verlieren. Aber ich gebe ja zu, dass, wenn jemand so eingestellt ist wie Horst, er durchaus auch zu recht sagt: „Wenn ich die nächsten 20 Jahre noch in meinem eigenen schönen Haus leben kann und dann durch einen Herzinfarkt tot umfalle, dann habe ich alles richtig gemacht."

Auch hier gab es viel Beifall. Dann meldete sich Bürgermeister Robert Hahn zu Wort:

„Es ist unumstritten, dass bei der Zunahme der älteren Bevölkerung in Zukunft für unsere Gesellschaft und Kommunen Probleme auftauchen werden, für die heute noch niemand eine Lösung anbieten kann. Man wird nicht alle älteren alleinstehenden Menschen in ein Pflegeheim stecken können, denn erstens wollen diese das gar nicht und zweitens ist das für unsere Gesellschaft auch gar nicht bezahlbar. Schon heute werden die Kosten von 25 % der Bewohner von Pflegeheimen vom Staat übernommen und über die Kreisumlage von jedem einzelnen Bürger zurückgeholt. Das Abschieben in Pflegeheime ist die teuerste Lösung. Deshalb sind wir geradezu gezwungen nach anderen Lösungen zu suchen. Eine davon wäre z.B. die hier vorgeschlagene Senioren WG. In dieser Richtung haben auch schon andere Staaten gedacht und konkrete Vorhaben umgesetzt. Schon seit Anfang der 90-er Jahre hat die Schweiz 3 große Bauvorhaben mit dem Namen „Kraftwerk 1" umgesetzt, bei dem auch eine Genossenschaft gegründet wurde und jeder Genosse eine Wohnung erhielt mit minimalem Verbrauch an Fläche und Energie, vielen Gemeinschaftsräumen und die Bezahlung von 15 000 Franken zum Mietseintritt und weiteren Zahlungen für Gemeinschaftsprojekte in die Solidaritätskasse. Ich möchte dazu jetzt keine weiteren Ausführungen machen, aber vielleicht werden auch in Deutschland die Kommunen irgendwann ähnliche Projekte anpacken müssen. Und dann wäre es ganz gut, wenn wir schon ein ähnliches funktionierendes Vorbild in unserer Gemeinde aufweisen könnten. Sie werden von uns jede mögliche Unterstützung erhalten, die allerdings nicht in Geldzuwendungen bestehen kann. Ich habe sogar schon eine Idee für ein Gebäude, will dazu aber jetzt noch nicht mehr sagen. Herr Rein und Herr Haller, könnten Sie einmal in der nächsten Woche bei uns auf dem Rathaus vorbeikommen?" Peter und Ralf schauten sich an und nickten. Auch für den Bürgermeister gab es viel Beifall. Zügig führte Ralf im Programm weiter.

„So, wir haben nun schon einige Gegenargumente gehört. Tragen wir weitere zusammen! Einige habe ich auch schon von euch zugeschickt bekommen.

Nachteile oder Gründe dagegen

Persönliche Gründe

Nichts für Individualisten - Schwierigkeiten, die geeigneten Partner zu finden-

Einhaltung der Pflichten - Überall lange Anlaufzeiten, weil viele wieder abspringen-

Schwierigkeiten bei der Vorplanung: Eigenes Haus verkaufen, um sich einzukaufen oder Geld leihen? -

Manche Konflikte tauchen erst später auf -

Auftretende Pflegfälle werden zum Problem -

Das Hauptproblem sind die Menschen, die „Chemie zwischen ihnen muss stimmen"-

Nicht jeder darf aufgenommen werden (Ein Anwesender formulierte es drastisch:

„Ein „Arschloch" bleibt auch in der Wohnkommune ein „Arschloch" und muss wieder ausgeschlossen werden können") -

Nicht jeder ist für diese Wohnform geeignet. Deshalb wäre es von Vorteil, wenn sich Personengruppen zusammenschließen, die sich schon lange kennen wie z.b.:

Die 60 plus - Seniorengruppe, Kegel - und Skatclubs, Freunde aus dem Tennisclub usw. -

Nachdem dieser Punkt erledigt wurde, ging Ralf zum nächsten über.

Wir wollen einmal zusammentragen, welche Punkte wir in unsere Vorplanungen aufnehmen wollen und müssen, ohne jetzt über jedes Detail zu reden:

Organisatorisches

Ein neues Haus bauen oder ein fertiges Haus kaufen und umbauen?

Bekommt jede Partei nur ein Zimmer oder wohnt man in abgeschlossenen Wohnungen mit 2- oder 3-Zimmer Wohnungen?

Wo soll das Haus stehen?

Kann man nur als Eigentümer oder auch als Mieter einziehen?

Von wie vielen Wohnpartien muss man wohl ausgehen?

Hausordnung: Dürfen z.B. auch Tiere wie Hunde und Katzen mitgebracht werden?

Welchen Geldbetrag muss jeder aufbringen beim Start?

Welche Gemeinschaftsräume sollen eingerichtet werden?

Gibt es auch Zuschüsse?

Grobe Zeitplanung?

Als sie mit dem Punkt „Organisatorisches" fertig waren, meldete sich noch Pater Erich zu Wort.

„Wir haben uns vorhin gefragt, warum ein so doch sinnvolles und einleuchtendes Projekt so selten durchgeführt wird. Ich glaube, das liegt auch daran, dass häufig nicht die richtigen Leute dahinterstehen, die die Organisation planen und durchziehen. Und in diesem Fall sind wir hier in Bührstadt doch sehr gut aufgestellt mit Ralf Rein, mit dem Rechtsanwalt Ingo Reich, dem ehemaligen 2. Bürgermeister Nico Schwarz und unserem jetzigen Bürgermeister, der ja ausgedrückt hat, dass er dieses Projekt unterstützen wird, weil es auch zu einem Aushängschild für die ganze Stadt werden könnte. Alle diese Leute haben schon in der Vergangenheit vielfältig bewiesen, dass sie glaubwürdig und in der Lage sind, so ein Projekt zu einem erfolgreichen Ende zu bringen. Ich selber werde mir in jedem Fall eine Wohnung kaufen, wenn das möglich sein wird. Ich denke dabei an meinen Ruhestand. Wenn ich ihn in einigen Jahren antrete, dann würde ich gerne einziehen. Bis dahin würde ich die Wohnung vermieten. Bei diesem spannenden Projekt möchte ich in jedem Falle dabei sein."

Sie hatten schon über 3 Stunden miteinander diskutiert und geplant. Es war bereits 22.30 Uhr und sie mussten zu einem Ende kommen.

„Liebe Anwesende, ich lege jetzt eine Liste aus, in die sich jeder der Anwesenden eintragen kann, wenn er nach dem heute Gehörten noch an der Gründung einer Senioren WG interessiert ist.

Diese Liste ist noch nicht verbindlich, man kann jederzeit davon abspringen. Aber sie hilft uns dennoch bei unseren Planungen. Wir treffen uns mit denjenigen, die sich eingetragen haben, am 12. Dezember um 19.00 Uhr hier im Nebenzimmer des „Bären". Am Ende dieser Versammlung sollten wir dann eine verbindliche Anmeldung erhalten. Sie haben also viel Gesprächsbedarf zu Hause. Bis zu diesem Zeitpunkt werden die meisten Punkte von „Organisatorisches" abgeklärt oder zumindest vorbereitet sein, so dass wir die meisten heute noch offenen Fragen beantworten und eventuell auch beschließen können.

Ich werde zum Beispiel unseren Architekten Peter Haller hier bitten, sich einmal in unserer Stadt umzusehen, ob es irgendwo ein vorhandenes passendes Gebäude gibt oder wo ein passender Baugrund zu haben wäre. Außerdem wird er als Architekt beurteilen können, welche baulichen Grundvoraussetzungen, ich denke dabei an altersgerechte Einrichtungen, ein derartiger Bau haben müsste. Natürlich werde ich mich auch mit unserem Bürgermeister vorher unterhalten. Für rechtlichen Fragen haben wir ja unseren Ingo hier. Fehlen würde vielleicht noch ein Notar für manche noch offenen Fragen und den wir für Eintragungen ins Grundbuch brauchen könnten. Ich wünsche allen eine gute Nacht."

Es gab einen lang anhaltenden Beifall.

Als die meisten Gäste gegangen waren, setzten sich die Skatbrüder und ihre Frauen noch zu einem Abschiedstrunk zusammen. Auf der Liste standen 15 Namen, das würde ja schon fast ausreichen. Alle waren der Meinung, dass es doch eigentlich ganz gut gelaufen sei.

„Du hast dich ja schon unheimlich in diese Planungen hereingekniet. Wann machst du denn das alles?" fragte Gaby.

„Ich habe mich schon vor vielen Jahren mit diesem Thema beschäftigt und immer wieder kamen einige Punkte dazu. Und ich, ja, ich muss sagen, das Projekt ist für mich zu einer Herzensangelegenheit geworden. Aber was ist mit dir? Ich gebe zu, dass ich es ja sehr, sehr gerne mit dir zusammen verwirklichen würde. Allerdings habe ich auch Verständnis, wenn du wie Lizza argumentierst, denn schließlich hast du ja auch in der Tat ein sehr schönes Haus, das du verlassen müsstest und die Gefahr, dass du einmal in einem Pflegeheim landen wirst, ist auch gering, denn schließlich ist deine Tochter noch für dich da."

Die anderen hatten das auch mitgehört und warteten gespannt auf Gabys Antwort. Gaby schwieg eine Weile. Dann gab sie sich einen Ruck und antwortete:

„Da ich merke, wie wichtig dir diese Angelegenheit ist, und ich weiterhin gerne mit dir zusammen sein würde, werde ich wohl auch als eine Kommunardin mit Verfallsdatum in eurer WG einziehen. Außerdem weiß ich nicht, ob ich im Alter einmal meiner Tochter zur Last fallen will. Sie führt ihr eigenes Leben, und das soll auch so bleiben."

„Juhu," schrie Ralf, nahm sie in die Arme und küsste sie vor allen Leuten. Diese klatschen Beifall und Ralf bestellte für jeden eine Schnapsrunde. Glücklich liefen sie Arm in Arm an diesem Abend zu ihm nach Hause.

Vorbereitungen

(Oktober/November 2013)

Es war für Ralf von Anfang an klar, dass die Umsetzung des Projektes keine Ein-Mann-Show werden durfte, sondern dass möglichst viele Personen eingebunden werden mussten. So führte er mit den maßgebenden Leuten Vorgespräche und bat diese, ihre gewonnenen Erkenntnisse und Ergebnisse auch bei der nächsten Versammlung vorzutragen. Doch ihre erste Handlung war der Besuch beim Bürgermeister. Dazu nahm er Nico Schwarz, Ingo Reich und Peter Haller mit. Der Bürgermeister begrüßte sie herzlich und führte sie in seinen Besprechungsraum. Er eröffnete das Gespräch mit der Frage, ob die Anwesenden eigentlich eher zu einem Neubau oder dem Kauf eines schon bestehenden Gebäudes tendieren würden. „Über diese Frage haben wir noch nicht entschieden. Im Moment sind wir da noch ganz offen. Peter, kannst du einmal kurz die Vorteile der jeweiligen Lösungen darstellen?"

„Eigentlich liegen die auf der Hand. Bei einem Neubau haben wir völlig freie Hand und können unsere ganzen Vorstellungen umsetzen. Aber von den Planungen bis zur Fertigstellung würden mindestens 2 Jahre vergehen. Beim Kauf eines bestehenden Gebäudes wäre der Einzugstermin natürlich wesentlich früher, und das ganze Vorhaben könnte auch um einiges billiger sein. Entscheidend wäre die Frage, wie viel Punkte unserer Vorstellungen ein bestehendes Gebäude schon enthält und wie viel Änderungen und Umbaumaßnahmen wir durchführen müssten."

Nun schaltete sich wieder der Bürgermeister ein.

„Der Hintergrund meiner Frage ist folgender: Die Baufirma „Wohncom" wollte in Bührstadt eine „Betreute Seniorenwohnanlage" errichten. Die Wohnungen stehen schon im Rohbau, jetzt ist die Firma „pleite" gegangen. Ursache dafür ist wohl eine fehlende Nachfrage nach Wohnungen in einem „Betreuten Wohnen", denn in Bührstadt gibt es ja bereits eine „Betreute Wohnanlage" und zwei nahezu gleiche Angebote auf so engem Raum waren schlichtweg eine Fehlkalkulation von der Bauträgerschaft, aber auch von den Banken. Die Frage ist nun die: Was passiert mit dem Rohbau und, wäre das halbfertige Gebäude für die kommende Senioren WG tauglich? Kommen Sie einmal herüber und schauen sie sich die Pläne hier an!" Höchst interessiert traten sie an die Wand, an der die Pläne hingen. Nachdem sich jeder mit den Plänen vertraut gemacht hatte, kommentierte Peter beim Ansehen die wichtigsten Punkte:

„Also barrierefrei sind alle Wohnungen, ein Aufzug ist auch vorhanden, es sind 12 Wohneinheiten mit größeren und kleineren Zweizimmerwohnungen. Ein Gemeinschaftsraum ist auch vorgesehen, was fehlen würde wäre ein gemeinsame Großküche, aber die könnte man einbauen. Die Anbindung an die Stadtmitte wäre mit etwa 3 Minuten Laufzeit auch vorhanden, ein Garten und eine gemeinsame Terrasse würden auch zur Verfügung stehen. Eigentlich ideal für unsere Zwecke. Nach dem ersten Blick würde ich raten, da müssten wir zuschlagen."

Sie waren perplex, dass alles so schnell gehen könnte, damit hatte keiner gerechnet. Ingo fragte nach, wie es um die Finanzierung stehe.

„Die Kreissparkasse hat das ganze Vorhaben vorfinanziert, nun kommt alles in die Konkursmasse. Aber die Kreissparkasse und auch ich wären froh, wenn wir einen Nachfolger für die Baufirma und neue Interessenten finden würden, und die bisherigen Geldgeber würden sicherlich auch günstige finanzielle Konditionen anbieten."

„Vor dem 12. Dezember bis zu unserer nächsten Sitzung kann nichts laufen, weil wir erst dort erfahren, wer definitiv mitmacht. Aber dann könnte ich mir gut vorstellen, dass wir einsteigen würden," meinte Ralf.

„Herr Hahn, könnten Sie uns bis dahin die genauen Vorstellungen und Konditionen der Kreissparkasse mitteilen, damit wir unsere Mitglieder informieren können. Wie würde das dann rechtlich aussehen? Als was treten wir eigentlich auf?"

Da konnte ihnen wieder der Bürgermeister weiterhelfen:

„Sie müssten eine Baugemeinschaft gründen, die später in eine Wohnungseigentümerschaft übergeht. Dabei würde jeder Mitbewohner beim Notar ins Grundbuch je nach der Wohnfläche mit seinen Miteigentümeranteilen eingetragen. Allerdings würde dann auch bald je nach Baufortschritt die Bezahlung der ersten Raten fällig werden. Jedoch könnte ich mir vorstellen, dass die Kreissparkasse großzügig wäre, denn sie muss ja froh sein, wenn sie die Bauruine vom Hals hat. Außerdem sind die Bauzinsen zurzeit ja so günstig, dass eine Zwischenfinanzierung bis zur Endzahlung nicht zu teuer käme. Auch ist doch die Situation auf dem Wohnmarkt im Augenblick ganz günstig. Zwar können Sie in den Großstädten München, Stuttgart, Hamburg und Berlin die Preise für Wohnungen kaum noch bezahlen, aber auf dem Land stehen viele Wohnungen leer und sind billig zu haben. Das heißt, der Trend hat sich gedreht. Wohl auch ein Grund, warum sich die Wohnungen nicht verkaufen ließen."

„Und dann müssten wir uns möglichst schnell eine Baufirma suchen, die das Gebäude fertig stellt und die notwendigen Umbaumaßnahmen vornimmt. Aber das kann ich erledigen," beruhigte sie Peter Haller. Ihr Projekt hatte plötzlich eine Eigendynamik entwickelt, die jedem etwas unheimlich vorkam. Ralf bat Ingo alle juristischen und notariellen Angelegenheiten, eventuell nach Rücksprache mit einem Notar, für den Bau der Rohbauruine und für die Grundbucheintragungen zu klären und vorzubereiten.

Mit Ruth, der Tochter von Peter traf er sich drei Tage später bei sich in seiner Wohnung. Ruth war eine ausgesprochen hübsche, junge Frau mit einem lustigen blonden Pferdeschwanz. Als Ralf gehört hatte, dass sie Soziologie studiert hatte, dachte er mitleidig: „Oh je, schon wieder jemand, der in die Arbeitslosigkeit hinein studiert". Dann hatte er Erkundigungen eingeholt und erfahren, dass das Studium der Gerontologie tatsächlich als zukunftsträchtig eingeschätzt wurde und eng verzahnt ist mit biologischer Altersforschung, Medizin und Sozial- und Verhaltenswissenschaften. Sie war sehr aufgeweckt und aufgeschlossen für alle Anregungen, die er ihr mitgab. Dadurch, dass ihre Eltern sich später auch an dem Projekt beteiligen wollten, war sie auch persönlich interessiert und wollte eine erfolgreiche Doktorarbeit abliefern. In Grobzügen umriss Ralf ihr seine Ideen dazu und betonte, dass dies natürlich nur Anregungen seien und sie oder ihr Professor natürlich auch ganz anders vorgehen könnten.

„Ach, der," sagte sie wegwerfend, „der ist nur daran interessiert, dass die Arbeit vielleicht etwas Neues bringt, das in der Presse kommt und er sich die Verdienste als Doktorvater ,an seinen Hut heften kann."

„Gut Ruth, natürlich musst du den Anlass für die Gründung, die ja mit dem Schock über den Pflegeheimaufenthalt von Uwe Frenzel begann, schildern. Dann könnten folgen: Das Für und Wider zu Senioren WGs, unsere Pläne für die Hausordnung usw. Aber sozialpolitisch relevant sind Aussagen über die Wirkung des Lebens in der Wohngemeinschaft auf ihre Bewohner und über die finanzielle Seite des Projektes. Und deine Statements geben nur dann etwas her, wenn du sie gegenüber Aussagen und Werten von Vergleichsgruppen stellen kannst." Sie schüttelte den Kopf: „Das verstehe ich nicht." „Nun du stellst einen Fragebogen zusammen und diesen gibst du 5 verschiedenen Gruppen etwa gleichen Alters zum Ausfüllen, beispielsweise

1. Gruppe: Senioren und Seniorinnen, die in ihrem eigenen Zuhause,

2. Gruppe: Senioren, die im „Betreuten Wohnen"

3. Gruppe: Senioren die in einem Altenheim,

4. Gruppe: Senioren, die in der Senioren WG und

5. Gruppe: Menschen, die in einem Mehrgenerationenhaus leben.

Die gleichen Fragen stellst du etwa ein halbes Jahr vor dem Einzug in die Senioren WG und dann wieder ein halbes Jahr nach Einzug in die WG. Mit diesem Fragebogen kannst du dann erstens Unterschiede zwischen den einzelnen Gruppen feststellen, aber auch Veränderungen, die z.b. durch den Aufenthalt in der WG, eingetreten sind."

„Mensch, das ist ja super, daran habe ich noch gar nicht gedacht. Ja, und was könnten denn das z.B. für Fragen sein?"

„Ein bisschen darfst du auch noch arbeiten. Aber ich will dir einige Beispiele nennen. Da geht es einmal um die finanzielle Seite, also um das jeweilige Einkommen und die monatlichen Kosten für die Lebensführung, es geht aber auch um das individuelle Wohlbefinden und um Zukunftsängste, Zukunftspläne und Zukunftserwartungen, die die einzelnen Menschen vor und nach den Befragungen hatten und noch haben. So kannst du z.B. die Fragen stellen: Auf was freuen Sie sich noch im Leben? Welche Pläne würden Sie gerne noch umsetzten? Haben Sie Angst vor der Zukunft? Wären Sie froh, wenn Sie bald sterben könnten? Dir wird sicherlich noch manches einfallen. Wichtig ist auch, dass die Fragen verständlich und leicht zu beantworten sind, also z.B. ‚Multiple-Choice' Fragen zum Ankreuzen oder Fragen, bei denen nur wenige Wörter einzusetzen sind. Dann fällt die Beantwortung, aber auch die Auswertung, leichter.

Wenn du deinen Fragebogen entworfen hast, kannst du ihn mir ja einmal vorlegen."

„Noch eine Frage: Wie komme ich an die Kontrollgruppen ran?"

„Das dürfte kein Problem sein. Die wahrscheinlichen Mitglieder der Senioren WG kannst du schon bei der nächsten Sitzung am 12.12. befragen, ins Pflegeheim kannst du nach Anfrage oder zusammen mit Pater Erich gehen, die Menschen, die zu Hause wohnen, suchst du in deiner Nachbarschaft oder im Tennisclub, Menschen, die im „Betreuten Wohnen" leben, findest du gleich neben unserer geplanten Senioren WG, und ein Mehrgenerationenhaus gibt es zum Beispiel in Heslach oder in Schorndorf. Da müsstest du halt einmal vorbeifahren. Wenn du die Ergebnisse auch nach der 2.Befragung zusammengetragen hast, wird es spannend. Dann kommt die Auswertung und diese wird eventuell auch für die Öffentlichkeit und deinen Professor interessante Ergebnisse über die einzelnen Wohnformen erbringen. Je mehr ich darüber nachdenke, umso mehr muss ich sagen: Du hast dir wirklich ein höchst interessantes Thema für deine Doktorarbeit herausgesucht, und das Ergebnis könnte ich durchaus auch in meiner Stuttgarter Zeitung veröffentlichen. Wenn etwas unklar ist, einfach nachfragen!"

Sie strahlte ihn an und gab ihm zu seiner Überraschung einen Kuss auf die Wange:

„Du hast mir sehr geholfen. Jawohl, ich sehe Licht am Ende des Tunnels."

Als letztes bat er Horst Beyer um ein Gespräch. Der war überrascht und erwartete, dass Ralf ihn in seiner Meinung umstimmen wolle. Aber Ralf hatte genau das Gegenteil vor. Er bat ihn, noch einmal alle Gegenargumente zusammen zu tragen und bei der nächsten Versammlung den Anwesenden darzulegen. Ihm sei es lieber, wenn Zweifler noch vorher abspringen, als wenn Unzufriedene mit in die Gemeinschaftsanlage einziehen, ständig für Unruhe sorgten und womöglich doch später wieder abspringen würden. Seine letzte Tätigkeit war die Besorgung von einigen Hausordnungen, die schon bei bestehenden Senioren WGs benutzt wurden. Er wollte sie als Vorlage für eigene Entwürfe nutzen. Davor hatte er schon den vorbereiteten Fragebogen von Ruth überarbeitet und war positiv überrascht, wie sehr sie sich in die Thematik „reingehängt" hatte.

Tag der Entscheidung

(12. Dezember 2013)

Die Zeit bis zum Termin verging wie im Fluge, und sie konnten kaum alle ihre vorbereitenden Arbeiten erledigen. Eine halbe Stunde vor Beginn der Versammlung befanden sich Peter, seine Tochter Ruth, Nico, Gaby und Ralf schon im Nebenzimmer und bereiteten alles vor. Es lagen Listen aus, in die sich am Ende der Sitzung diejenigen Personen eintragen sollten, die verlässlich dabei sein würden. Peter hängte die alten Pläne der Bauruine auf und daneben schon von ihm überarbeitete neue Entwürfe, die die möglichen Änderungen enthielten. Auch Ruth hatte ihre vorbereiteten Fragebogen vor sich liegen. Nach und nach trafen die Personen ein, die sich schon vor über einem Monat eingetragen hatten. Wieder waren ein paar mehr Personen anwesend, weil die erwachsenen Kinder auch mitgekommen waren. Natürlich gab es unter der 60 plus - Seniorengruppe kaum ein anderes Thema als die bevorstehende Gründung der Senioren WG. Ganz zum Schluss kam auch noch Horst Beyer. Ralf hatte schon befürchtet, dass er vielleicht kneifen würde. Vor ihm war schon der Bürgermeister eingetroffen, der wie immer in Eile.

Als alle von der Liste anwesend waren, eröffnete Ralf die Versammlung:

„Liebe Mitglieder, liebe Gäste, von unserer letzten Sitzung aus betrachtet, haben sich für uns Verantwortlichen hier die Ereignisse geradezu überschlagen und wir alle, die an dem Projekt teilnehmen wollen, stehen näher an der Verwirklichung als wir es in unseren kühnsten Träumen vorstellen konnten. Das bedeutet, dass wir allerdings gezwungen sind Entscheidungen zu treffen, die wir eigentlich glaubten noch lange hinausschieben zu können. Ich denke dabei vor allem an den finanziellen Aspekt.

Und warum das so ist, wird uns in aller Kürze unser Bürgermeister Robert Hahn erläutern."

Der Bürgermeister erklärte nun für alle den Sachverhalt und ein Raunen ging durch den Saal. Zur finanziellen Seite wolle er sich später noch äußern. Nun gab Ralf an Peter das Wort weiter, der die alten und dann seine überarbeiteten Pläne erläuterte.

Seiner Meinung nach seien das vorliegende Gebäude für ihre Zwecke hervorragend geeignet, wenn man auch einige Veränderungen vornehmen sollte. Er habe diese mit eingearbeitet und nach seinen Ausführungen könnten diese auf den Plänen besichtigt werden. Für die geplante Senioren WG habe er folgende Räumlichkeiten vorgesehen, wobei von den ursprünglichen 12 Wohneinheiten, die sich eigentlich in dem Gebäude befunden hätten, 2 Wohneinheiten den Änderungen zum Opfer gefallen wären, so dass für die vorliegende Planung nur noch 10 Wohneinheiten vorgesehen seien. Das Angebot sehe folgendermaßen aus:

Ein abgeschlossener Wohnbereich für jedes Ehepaar oder für jede alleinstehende Person. Die Wohnungen enthalten: Wohn- und Schlafbereich, Badezimmer, Kochnische. Für Ehepaare seien 8 Wohnungen mit 65 qm, und 2 Wohnungen für Einzelpersonen mit 50 qm vorgesehen, wobei natürlich jede Einzelperson auch eine größere Wohnung mieten oder kaufen könne -

ein Gemeinschaftsraum und ein zweiter Fernsehraum-

eine Gemeinschaftsküche -

ein Gästezimmer und evtl. ein Krankenzimmer -

Behindertentoiletten -

ein Badezimmer mit Hebevorrichtung

Büroraum mit Computer, Regalen, Schreibtischen mit Telefone

Abstellräume im Keller evtl. mit Hobbyraum und Gymnastikraum,

Garagen, aber nur begrenzt für 4 Autos -

Fahrstuhl -

Große gemeinsame Terrasse mit einem kleinen Garten davor -

Das Gebäude sei zentral gelegen mit nur 3 Minuten Fußweg zum Ortsmittelpunkt -

Nicht weit davon befände sich eine andere Seniorenwohnanlage und man könnte sich vorstellen, dass man den dortigen Hausmeister, der in dieser Anlage wohne, für zusätzliche Aufgaben bei ihnen gewinnen könne -

Nun machten sie eine Pause und alle standen diskutierend vor den Plänen, die im Allgemeinen gutgeheißen wurden. Und natürlich wurde heftig über die neue Situation diskutiert, vor allem was diese für jeden einzelnen bedeuten würde. Weil dieses Thema in aller Munde war, wendete sich Ralf ihm sofort nach der Pause zu.

„Grundsätzlich zu den Kosten habe ich einmal folgende Rechnung aufgemacht:

Wenn wir das halbfertige Gebäude übernehmen wollen, dann müssen wir natürlich die Gläubiger, die hinter der Bauruine stecken, ausbezahlen. Dazu kämen die Umbaumaßnahmen und die Fertigstellung. Das würde bedeuten, die zukünftigen Bewohner müssten zusammen nach Angaben des Bürgermeisters und nach Berechnungen von Peter spätestens beim Tag des Einzuges insgesamt 1 920 000 € aufbringen. Ein Teil wird schon früher fällig werden. Da 8 größere Wohnungen für Ehepaare zu je 200 000 € und 2 kleinere Wohnungen für Single-Haushalte für je 160 000 € zur Verfügung angeboten werden, hätten wir nach Bezahlung dieser Beträge die geforderte Geldsumme beisammen. Wem dieser Betrag zu hoch vorkommt, der sollte bedenken, dass in der

Summe ja auch die Kosten für die Gemeinschaftseinrichtungen enthalten sind wie für: Gemeinschaftsküche, Gemeinschaftsraum, Gästezimmer, Krankenzimmer, Aufzug, Hobbyraum, Terrasse und Garten. Auch ist die altersgerechte Ausstattung etwas teurer als eine Normalausstattung. Wie sich nun jeder diese Summe besorgt, ist seine Privatangelegenheit. Entweder er verkauft sein bisheriges Eigentum, wenn vorhanden, oder er hat noch zusätzlich so viel Kapital, dass er die Geldsumme ohne Verkauf bezahlen kann. Natürlich kann er auch einen Kredit aufnehmen. Da die Zinsen zurzeit günstig sind, wäre das kein so großes Problem und die Kreissparkasse hat schon signalisiert, dass sie sowohl bei den Zinsen als auch bei den Rückzahlungsterminen großzügig wäre, weil sie ja höchstes Interesse hat, dass sie die Bauruine loswird. Wenn wir uns nachher in die Liste eintragen, schreiben wir dazu, ob wir die Summe aufbringen können oder nicht. Wo es Probleme geben könnte, werden wir uns zusammensetzten und versuchen, diese gemeinsam zu lösen. Wenn jemand nur zur Miete einzieht wie bei den Wohnungen von Pater Erich und der Wohnung von Peter Haller, für den würde die Modellrechnung von eben natürlich nicht gelten, weil er ja nur Miete bezahlen müsste. Betrachten wir einmal meine Kostenaufstellung, unabhängig von der Einstiegssumme.

Bei den monatlichen Einzahlungen in eine Gemeinschaftskasse müssen wir bedenken, dass zumindest bei den Eigentümern keine Mieten mehr anfallen. Mein Vorschlag zur Diskussion: Ehepaare bezahlen monatlich zusammen 1 000 €, Einzelpersonen 600 € ein.

Dann käme monatlich die Summe von 8 000 € + 1 200 € = 9 200 € in die Gemeinschaftskasse. Jeder Bewohner hätte meiner Rechnung nach dann immer noch einen relativ hohen Geldbetrag zur freien Verfügung für Luxusausgaben, denn alles Notwendige wird aus der Gemeinschaftskasse bezahlt. In der sind enthalten:

Die gesamte Verpflegung, alle Nebenkosten wie Wasser, Strom, Heizung, Grundsteuer, Versicherungen usw. Weiterhin könnten Ausgaben für Putzfrauen, Hausmeister und evtl. Pflegekräfte mit enthalten sein. Benzinkosten wären ebenfalls enthalten, wobei klar sein muss, dass wir nicht einen Wagenpark für jeden Haushalt brauchen, sondern 3 oder 4 Kleinwagen mit einem Minibus für Gemeinschaftsfahrten ausreichen würden. Überschüsse kämen in eine Gemeinschaftskasse für Notzeiten. Sollte ich mit meinem Vorschlag völlig danebenliegen, so kann man die Geldsumme jederzeit nach oben oder unten korrigieren. Mitgebrachte zur Verfügung gestellte Gegenstände wie Autos, Waschmaschinen, Fernseher und Computer werden natürlich angerechnet. Über die Ausstattung der Gemeinschaftsräume unterhalten wir uns noch später. Doch all diese Punkte können wir nur mit denen besprechen, die sicher dabei sein werden. Sollten wir aus dem Kreis der Anwesenden nicht genügend Interessenten finden, könnten wir diese über Anzeigen in der Zeitung suchen. Doch ich glaube, das wird gar nicht notwendig sein, denn ich habe jetzt schon Anfragen genug, so dass ich manche Personen auf eine Warteliste vertrösten musste. Es gibt noch viele, viele andere Punkte zu klären. Aber vorrangig ist jetzt, dass wir wissen, wer mitmachen will."

Mit Absicht legte Ralf nach seinen umfangreichen Ausführungen eine längere Pause ein, um Gelegenheit für Fragen zu geben. Aber niemand meldete sich, die Anwesenden warteten einfach gespannt auf die weiteren Einzelheiten. Doch Ralf wollte vorher noch folgende Gedankengänge einschieben.

„Es ist glaube ich für uns alle von Vorteil, wenn wir uns noch einmal die Gegenargumente zu unserem Projekt anhören, die Horst Beyer auf meinen Wunsch gleich vortragen wird, denn es ist besser, man springt vorher noch ab, als wenn man unwillig mitmacht, später nur einen Unruhestifter und Unruheherd darstellt und womöglich dann doch wieder ausscheidet. So etwas

kann passieren und so etwas ist schon passiert. Bitte Horst!"
Langsam stand Horst auf.

Er hatte in ihrer Gruppe den Ruf weg als buchstabengetreuer
Pedant, gut passend zu seinem Beruf als Steuerberater.

„Ich muss zugeben, dass meine Frau Hannelore gerne dabei wäre, aber ich finde, dass ihr alle zu euphorisch an die Sache her-
angeht. Wenn einer ein schönes Haus hat und genügend Kapital
besitzt, wird er doch, falls er eine pflegerische Versorgung
braucht, irgendeine Polin einstellen und bleibt in seiner alten
Umgebung. Ihr geht davon aus, dass die Leute sich in der Gemeinschaft immer gut verstehen werden und leitet das von unseren gemeinsamen Zusammenkünften ab. Aber das tägliche
Zusammenleben ist etwas ganz anderes als das sporadische Zusammensein beim Skatspielen oder bei Wanderungen. Auch
sind Frauen, die im Haushalt ja eine große Rolle spielen, oft
nicht so verträglich miteinander wie Männer." Starke Proteste
der Frauen. Doch Horst fuhr unbeirrt fort.

„Wer mit alten Leuten zu tun hat, weiß, dass diese oft eigensin-
nig, aggressiv und starrsinnig werden können. Keine guten Voraussetzungen für ein harmonisches Zusammensein. Auch seht
ihr eure Rolle zu optimistisch beim gegenseitig Hilfe leisten: Es
ist nicht jedem gegeben, einen Alten zu pflegen, den Speichel
vom Mund zu wischen, die vollgeschissenen Unterhosen auszuziehen und das verpinkelte Bettzeug zu waschen. Außerdem
werdet ihr gemeinsam älter. Euer System kann doch eigentlich
nur dann funktionieren, wenn ein Generationenwechsel laufend
stattfindet und immer Jüngere nachfolgen, die die älteren Aus-
scheidenden ersetzen. Habt ihr eigentlich eure Kinder gefragt,
was sie von dem Plan halten? Immerhin steckt ihr zumindest
einen Teil ihres Erbes in das Projekt, das ihnen einmal zukommen würde. Und noch ein letzter Punkt. Manche von euch haben nicht so einfach übrige 200 000 € auf dem Konto, mit denen
sie sich bei eurer WG einkaufen können. Das heißt doch im Klar-

text, sie müssten das bisherige Haus oder die Eigentumswohnung verkaufen. Abgesehen davon, dass der momentane Zeitpunkt nicht gerade günstig ist, um eine Immobilie los zu werden, kann es doch passieren, dass es mit ihnen in der WG nicht klappt oder es ihnen nicht gefällt. Was machen sie dann? Das Haus ist verkauft, und sie müssten nun wieder ihren eigenen Anteil loswerden und sich etwas Neues suchen. Eine wenig verlockende Aussicht."

Damit setzte er sich und herrschte Stille. Ralf bedankte sich bei ihm für diese zugeben schwierige Aufgabe, die er wahrgenommen hatte. Eine Tochter von einem Interessenten bat ums Wort und meinte.

„Ich würde es sehr begrüßen, wenn das Projekt klappen würde. Dann wüsste ich, dass meine Eltern so untergebracht sind, dass sie sich wohlfühlen. Wenn sie in ein Pflegeheim ziehen, wäre bei Beträgen zwischen 3 000 € und 4 000 € im Monat das angesparte Vermögen auch sehr bald weg und ich hätte noch dazu ein schlechtes Gewissen Außerdem gehe ich davon aus, dass in einem Todesfalle die Wohnung verkauft wird und die dafür erhaltene Summe den Erben ausbezahlt wird."

„Genau so wird es einmal sein," bemerkte Ralf und setzte hinzu: „Diese Fragen werden zu einem späteren Zeitpunkt alle noch angesprochen werden."

Nicos Ehefrau Margit stellte klar, dass ihr niemand zu erzählen brauche, wie es sei, alte Leute zu pflegen. Sie habe ihren Vater und ihre Mutter bis zum Tode gepflegt und werde das auch bei Mitgliedern der WG tun, wenn es sein müsse. Wer das nicht tun könne, der müsse halt dann andere Aufgaben übernehmen. Die Meinung von Margit galt viel in der Gruppe. Sie war bekannt für ihre zupackende Art, gepaart mit einem gesunden Durchsetzungsvermögen und Realitätssinn. Als fast alle ihre Meinung kundgetan hatten, ergriff Ralf wieder das Wort:

„Horst, deine Bedenken sind berechtigt und andere WGs haben sich auch schon mit den von dir angesprochenen Problemen herumgeschlagen. Deshalb wollen wir bei uns versuchen, schon im Vorfeld mit folgenden Maßnahmen gegen zu steuern:

Alle Wohneinheiten sind so geplant, dass sie wie eine Eigentumswohnung genutzt werden können, denn als solche waren sie ja auch vorgesehen. Sie haben eine eigene Küche und einen eigenen Eingang. Wenn also jemand nicht in der WG zurechtkommt, dann lebt er halt so, wie es auch in einem großen Haus mit Eigentumswohnungen wäre. Es wird ja keiner dazu gezwungen, die Gemeinschaftsräume zu benutzen. Wobei er dann natürlich bei weitem nicht so günstig leben wird, denn die Ersparnis durch die Gemeinsamkeit ist schon enorm. Und dabei bin ich schon beim zweiten Punkt. Meiner Ansicht nach müsste genügend Geld vorhanden sein, um auch ambulante Pflegedienste davon zu bezahlen. Aber viele sogenannte unterschwellige Leistungen, die die Pflegedienste eben auch für teures Geld erbringen, könnten wir schon selbst leisten wie z.B. Thrombosestrümpfe anziehen, Wäsche zu wechseln, Nahrung zerkleinern, Begleitung zu Ärzten usw. Der Gefahr, dass wir gemeinsam immer älter und dabei auch pflegebedürftiger werden, könnte man dadurch begegnen, dass man bei einem Auszug oder Sterbefall vorsieht, dass nur jüngere Neumitglieder einziehen dürfen. Nun zum Problem, dass die Leute nicht miteinander auskommen. Das ist in der Tat eigentlich das Hauptproblem. Aber dadurch, dass wir, so wie es aussieht, hauptsächlich Mitglieder aufnehmen, die sich schon seit Jahrzehnten kennen, ist diese Gefahr geringer einzuschätzen, wenn man sie auch nicht ausschließen kann. Natürlich kann jemand mit Geld sich eine Polin ins Haus holen, das ist in jedem Fall richtig. Doch gilt es einfach abzuwägen, und darüber haben wir ja schon gesprochen, was ist einem wichtig? Will man vor allem in seiner alten Umgebung bleiben, aber letzten Endes auch ziemlich allein und verlassen leben, oder will man in Gesellschaft zusammen mit anderen leben und etwas gestalten. Darauf gibt es keine richtige oder falsche Antwort, sondern das hängt vom Menschentyp ab. Das soll für heute genügen.

Wir müssen jetzt ganz konkret einige Entscheidungen treffen, weil wir etwas unter Zeitdruck stehen. Diese Entscheidungen können aber nur zukünftige Mitglieder in unserer WG treffen. Deshalb ist es jetzt ganz dringend, dass wir wissen, wer verlässlich dabei sein wird. Da einige von uns von der zeitlichen Planung her vor einer neuen Situation stehen, würde ich folgende Vorgehensweise vorschlagen:

Wir haben eine Liste vorliegen, in die sich jeder eintragen kann. Sie enthält folgende Zeilen, in denen man die zutreffenden Punkte streichen bzw. ankreuzen kann:

Name:_____

0   Ich/Wir beteilige/n mich/uns an der WG

0   Ich /Wir wünsche/n eine kleine /große Wohneinheit für 1/2 Person/en

0   Ich /Wir kann /können den Betrag von 200 000 €/160 000 € bis in 3 Monaten aufbringen/nicht aufbringen

0   Ich würde gerne nur als Mieter einziehen

Dazu folgende Erläuterungen: Jeder hat eine Woche Zeit um sich zu entscheiden. Nach einer Woche beginnen wir, über die Presse oder persönliche Verbindungen die fehlenden Mitglieder zu suchen. Zur Erinnerung: Wir brauchen 10 Wohnungseigentümer. Da Pater Erich und auch Peter Haller erst zu einem späteren Zeitpunkt in der WG wohnen wollen, aber sich beim Kauf sofort beteiligen werden, wären zwei Wohnungen zum Vermieten frei."

Jetzt meldete sich Pater Erich: „Ich habe eine Frage oder eine Bitte. Ich habe ja Verbindung zum Sohn von Uwe, unserem früheren Vorstand, dem wir viel verdanken. Ich habe ihm von unseren Plänen geschrieben. Er wäre sofort bereit eine Summe von 100 000 € zu spenden, wenn wir seinen Vater aus dem Pflegeheim herausholen und ihn in unsere WG einziehen lassen würden. Er würde auch eine notwendige ambulante Pflege bezahlen. Da ich ja noch nicht bei euch einziehen kann, weil ich jederzeit in einen anderen Kirchenbezirk versetzt werden könnte, bestünde doch die Möglichkeit, dass Uwe in meine Wohnung als Mieter einzieht. Er wäre der glücklichste Mensch auf Erden."

„Da haben wir's. Noch nicht einmal eingezogen und schon taucht das Problem mit dem ersten Pflegefall auf," unterbrach Host Beyer die eingetretene Stille.

Das weckte den Widerspruchsgeist von einigen Anwesenden, vor allem Margit machte sich stark für die Aufnahme von Uwe. Das sei doch die erste Bewährungsprobe für alle und es werde sich zeigen, ob sie auch hilfsbedürftige Mitglieder mitversorgen könnten. Ralf schnitt die Diskussion ab, indem er ausdrückte, dass er zwar der gleichen Meinung wie sie sei, aber darüber könnten nur alle Mitglieder entscheiden, und diese stünden ja noch nicht fest. Deshalb gelte folgende Terminierung:

Bis 19.12.13: Nochmalige Zusammenkunft in einer Woche mit endgültiger schriftlicher Zusage über die Teilnahme an dem Projekt –
Bemühen der Teilnehmer, eine Finanzierung zu erstellen bzw. die Mitteilung, ob für sie eine Zwischenfinanzierung notwendig sein wird-
Einrichtung eines Gemeinschaftskontos für alle Beteiligten als Baugemeinschaft -

Bis 15.02.14: Abschluss des Kaufvertrages mit der Kreissparkasse über den Kauf der Bauruine und Verhandlungen über die Finanzierung –

Parallel dazu: Fertigstellen der Änderungspläne durch Peter Haller und Beauftragung einer Baufirma mit dem Projekt –

Bis 1.04.14: Einzahlung des Kaufpreises, anschließend Eintragung beim Notar ins Grundbuchamt – Beginn der Umbaumaßnahmen -

Bis 1.11.14: Einzug in die WG -

Parallel dazu würden sie eine Hausordnung erarbeiten. Er habe einige Hausordnungen von schon bestehenden WGs hier, die man als Vorlage benutzten könnte, denn man müsse nicht „das Rad immer neu erfinden." Er könnte sich gut vorstellen, dass dies die Ehefrauen übernehmen könnten. Bei dieser Gelegenheit wolle er einmal bekannt geben, dass er im Internet insgesamt 156 Anzeigen in ganz Deutschland, davon in BW 24 Anzeigen gefunden hätte, bei denen Partner für schon bestehende oder zu gründende Senioren WGs gesucht würden. Meistens lauteten die Anzeigen folgendermaßen:

Senioren WG sucht Mitbewohner mit Gemeinschaftssinn und sozialer Kompetenz für bereicherndes Miteinander im Alter zwischen 50 –70 Jahren oder auch zwischen 50 –80 Jahren.

Sie seien also nicht die einzigen, die diese Idee hätten und das Problem, dass die Mitgliedschaft verjüngt werden sollte, sei auch bei diesen WGs schon aufgetaucht.

Natürlich werde man auch versuchen, Zuschüsse vom Land für altengerechte Wohnungen zu bekommen. Außerdem schlage er vor, mindestens monatlich ein Treffen zu veranstalten. Ab Juli könnten diese Treffen durchaus an Ort und Stelle, also auf dem Neubau stattfinden. Es gelte ja dann auch die Frage zu klären, welche Möbel neu angeschafft werden müssten und wie die Inneneinrichtung aussehen würde. Mit Sicherheit würde noch manch anderes dazu kommen, aber es liege nun eine sehr spannende Phase vor ihnen. Zum Schluss wies er noch auf die Meinungsumfrage von Ruth hin und bat die Anwesenden, diese auszufüllen, sowie nicht zu vergessen, sich in die Liste einzutragen. Jetzt wurde eine Pause eingeschoben, um die Eintragungen vorzunehmen. Alle warteten gespannt auf das Ergebnis. Als niemand mehr bei den Eintragungsformularen stand, holte Ralf die Zettel und gab das Ergebnis bekannt. Es hatten sich insgesamt 7 Partien eingetragen, nämlich Ralf und Gaby, Ingo und Lizza, Nico und Margit, Peter Haller und seine Frau Hanne, Pater Erich, Rolf Bauer mit Frau und die Einzelperson Monika, eine ehemalige Lehrerin. Da Pater Erich und auch Peter Haller nicht gleich einziehen würden, standen deren Wohnungen frei zur Vermietung, wobei ja Pater Erich wollte, dass sie in seine Wohnung Uwe Frenzel vom Pflegeheim herüberholen sollten. Es waren also noch 3 größere Wohneinheiten zum Kauf frei und für eine brauchten sie noch einen Mieter.

Ein bisschen wunderte sich Ralf, dass Ingo und Lizza auch mit dabei waren, nachdem sich diese so vehement gegen das Projekt ausgesprochen hatte. Offensichtlich hatte Ingo gewaltige Überzeugungsarbeit geleistet. Hoffentlich ging das gut!

„Versuchen wir zuerst über persönliche Kontakte, die restlichen Wohnungen loszuwerden, bevor ich die Leute verständige, die sich schon bei mir gemeldet haben. Aber denkt daran, wir nehmen nicht jeden. Wir sollten schon darauf achten, dass er in unsere Gruppe passt. So Freunde, ich glaube wir haben eine ganz wichtige Etappe hinter uns und das ist auch ein Grund zum Feiern."

Dann bestellte er für alle Anwesende eine Runde Sekt und sie stießen gemeinsam voll guter Hoffnung auf das Gelingen ihres zukunftweisenden Projektes an.

Die Umsetzung des Projektes
(Dezember 2013 - Oktober 2014)

Bis zu ihrer nächsten Sitzung waren auch die noch fehlenden Mitbewohner gefunden worden.

Gaby hatte noch für die Wohneinheiten das befreundete Lehrerehepaar Fred und Dagmar Roos, Peter aus dem Tennisclub das Ehepaar Fred und Moni Roof, Ingo den früheren Automechaniker, Robert Maier mit Ehefrau Eva und Margit die verwitwete ehemalige Altenpflegerin Susi Flick, eine etwas mollige kleine Person als Mieterin für ihr Projekt gewinnen können. Letztere stellte kurz ihre bisherige Tätigkeit als Altenpflegerin vor, gab an, dass sie wenig Eigenkapital besitze, aber durchaus auch bereit sei, innerhalb der WG, wenn es nötig sei, Pflegedienste zu leisten und machte auf ihre Mitbewohner den Eindruck einer Person, auf die man in Notzeiten zählen konnte. Alle neu hinzugekommenen Personen wurden als sozial verträglich empfohlen und da sie nun ja auch in ihrer WG für den Wagenpark einen gelernten Automechaniker bzw. für Pflegefälle die Altenpflegerin in ihrer Mitte gut gebrauchen konnten, waren alle mit diesen Personen sofort einverstanden, die auch gleich zu der Sitzung am 19.12.2014 mitgekommen waren.

Von den zehn Wohnparteien gaben sieben zukünftige Wohnungseigentümer an, dass sie die Summe von 200 000 € aufbringen könnten und drei brauchten einen Zwischenkredit von der Bank, bis ihre eigene Wohnimmobilie verkauft war. Doch dies war kein Problem, bekamen sie doch einen sehr günstigen Zwischenkredit von der Kreissparkasse. Auch Ralf musste seine Eigentumswohnung gar nicht verkaufen, hatte er doch noch genügend Kapital vom Verkauf seines Hauses in Stuttgart übrig und wäre auch bereit gewesen, eventuell einem Miteigentümer in der WG finanziell unter die Arme zu greifen, falls es Schwierigkeiten mit der Bank gegeben hätte. Die Anwesenden stimmten zu, dass die Personen Uwe und Susi in Miete in den Wohnungen bei Peter Haller und Pater Erich ziehen konnten.

Als alle Wohnparteien bei der Sitzung vom 12.11.2013 anwesend waren, ergriff zuerst Ingo das Wort, indem er ankündigte, dass er sie jetzt mit ein paar trockenen Paragrafen des Wohnungseigentumsgesetzes langweilen müsse, aber dies sei notwendig für das zukünftige gemeinsame Zusammenleben. Er las vor:

§15:   Die Wohnungseigentümer regeln den Gebrauch des Wohneigentums durch Vereinbarungen.

§16:   Jeder Wohneigentümer ist verpflichtet, die Lasten des gemeinschaftlichen Eigentums mitzutragen.

§21:   Zu einer ordentlichen Verwaltung gehören:

1. die Aufstellung einer Hausordnung,
5. die Aufstellung eines Wirtschaftsplanes

§24:   Die Versammlung der Wohnungseigentümer muss einmal im Jahr vom Verwalter einberufen werden.

§29:   Die Wohnungseigentümer können mit Stimmenmehrheit die Verwaltung eines Verwaltungsbeirates beschließen. Dieser besteht aus drei Mitgliedern der Bewohner.

Diesen Verwaltungsbeirat sollte man jetzt wählen, denn es sei ganz wichtig, dass diese Personen von den Anwesenden beauftragt würden, die Verhandlungen für die Gruppe zu führen und auch Unterschriften zu leisten. Man könne nicht immer alle Mitglieder zusammenrufen. Er bitte um Vorschläge. Sofort fielen die Namen Ralf Rein, Nico Schwarz und Ingo Reich. Ingo verzichtete zu Gunsten von Inge Bauer, weil er der Meinung war, dass eine Frau auch in das Gremium gehöre, und er ja auch noch berufstätig und voll beschäftigt sei.

Sie bedankten sich für das Vertrauen und Ralf stellte als Richtlinie einen Zeitplan auf, wie alles weitergehen könnte. Peter hatte die Baupläne, nachdem sie von allen gutgeheißen wurden, der großen Baufirma „Weiß" übergeben und diese begann pünktlich am 1. März mit der Fertigstellung des Rohbaus und mit dem Innenausbau. Sie hatten die notwendigen finanziellen Einzahlungen auf ihr Gemeinschaftskonto überwiesen und von dort wurden die fälligen Summen je nach Baufortschritt an die Firma abgehoben. Sobald die Einzahlungen geleistet worden waren, wurden die Eintragungen beim Notar ins Grundbuchamt vorgenommen, so wie Ingo Reich alles vorgeplant hatte.

Den Frauen überließ Ralf die Ausarbeitung der Hausordnung, indem er ihnen zwei Musterexemplare von schon bestehenden Senioren WGs aushändigte. Sie hatten sich schon häufig zusammengesetzt und viel diskutiert. An zwei Punkten schieden sich die Geister:

Ingos Ehefrau Lizza besaß einen 6 Jahre alten Kater, den sie heiß liebte. Die Frage war also: Dürfen Tiere wie Hunde und Katzen mit in die WG gebracht werden? Dazu gab es unterschiedliche Meinungen. Die meisten hätten nichts gegen einen Hund oder eine Katze gehabt, aber Susi hatte eine Katzenallergie, und sie wollte deshalb nicht mit Katzen im gleichen Haus wohnen. Also fragten die Frauen Ralf um Rat. Schweren Herzens musste er sich gegen Lizza aussprechen und auf die Seite von Susi schlagen, denn die Gesundheit der Anwesenden müsse Vorrang haben. Nur sehr widerwillig akzeptierte Lizza diese Entscheidung, die zwar Ingo voll mittrug, aber das Verhältnis von Lizza zu den übrigen zukünftigen Bewohnern war seit dieser Zeit angespannt. Widerstrebend gab Lizza ihren Kater an ihre Tochter ab.

Die zweite Frage, die lange Diskussionen auslöste, war das Problem, das auftauchen könnte, beim Tode oder Auszug eines Mitbewohners. Klar war für alle, dass die Erben zwar den zu diesem Zeitpunkt geltenden Wert der Wohnung ausbezahlt bekommen würden, sobald die Wohnung einen neuen Besitzer bekam, dass aber die Wohngemeinschaft für sich das Recht in Anspruch nehmen wollte, über die Aufnahme eines neuen Bewohners mit zu entscheiden und die Erben keinesfalls irgendeinen neuen Mieter einsetzen konnten.

So etwa ab Anfang August waren die Innenräume fertig geworden und man machte sich Gedanken über die Ausstattung der Gemeinschaftsräume. Neu angeschafft wurden die Möbel für die große Gemeinschaftsküche und den Gemeinschaftsraum, in den Nico noch sein Klavier mitbrachte.

„Für besondere Feiern," wie er meinte und Ralf ergänzte:

„Und die werden wir ganz sicherlich in der nächsten Zeit haben."

In das große Bücherregal im Gemeinschaftsraum brachten sie ihre eignen Bücher mit, soweit diese Platz fanden. Das Fernsehzimmer, das Lesezimmer und das Büro wurden mit Möbeln und Geräten wie Fernsehgeräten, Computer, Radio usw. ausgestattet, die die einzelnen Bewohner mitbrachten. Die Waschküche und der Fitnessraum wurden ebenfalls mit vorhandenen 3 Waschmaschinen, einer Tischtennisplatte, einem Laufband und einem Rudergerät, einer Matte und mehreren Hanteln ausgestattet.

Beim Erstellen der Hausordnung hatten sie auch verschiedene Aufgabenstellungen auf die einzelnen Bewohner verteilt, die je nach ihrer Ausbildung und Befähigung ausgesucht wurden. Klar war, dass diese nicht alle die folgenden Aufgaben alleine ausführen mussten, sondern eben hauptsächlich für die Organisation verantwortlich waren und viele Aufgaben gemeinschaftlich erledigt wurden wie z.B. Küchen- und Reinigungsdienste usw. nach wechselndem Rhythmus je nach Einteilung. So übernahmen z.B. Ralf und Nico die Verwaltungsaufgaben und die Finanzen, drei Hausfrauen übernahmen den Einkauf und die Zusammenstellung der Menüs beim Mittagessen, nachdem die einzelnen Bewohner ihre Essenswünsche kundgetan hatten, zwei Männer und eine Frau übernahmen die Gartenarbeiten. Susi war verantwortlich für die Versorgung bei Krankheiten, wiederum andere kümmerten sich um die Reinigungsarbeiten, Georg als ehemaliger Automechaniker war für den Wagenpark und Rolf Bauer als ehemaliger Handwerksmeister war für kleinere Reparaturarbeiten zuständig.

Pünktlich zum 1.11.2014 erfolgte der Einzug in ihr neues Zuhause.

Wochenlang vor dem Einzug konnte man die neuen Bewohner in ihrem zukünftigen Zuhause sehen, sei es, dass sie den Baufortschritt beobachteten oder so nach und nach schon Möbel in die Wohnungen brachten, die schon fertig waren. Aber nicht nur die neuen Bewohner ließen sich auf der Baustelle blicken. Ralf hatte, als abzusehen war, dass das Projekt zustande kam, einen großen Bericht über ihr Vorhaben geschrieben und viele Leute wollten mitbekommen, ob denn alles wirklich umgesetzt wurde und wie der Stand der Dinge sei. Als Ralf und Gaby ihre Möbel in ihr neues Zuhause brachten, schmiegte sich Gaby an Ralf und sagte zweifelnd: „Hoffentlich bereuen wir diesen Schritt nicht eines Tages. Mir ist ganz traurig zumute."

Doch Ralf schloss sie in die Arme und versuchte sie zu beruhigen:

„Kopf hoch. Natürlich kann man keine Entwicklung hundertprozentig voraussagen. Aber so wie ich dich, mich und unsere zukünftigen Mitbewohner kenne, glaube ich doch, dass wir alle zusammen eine sehr schöne erfüllte Zeit miteinander verbringen werden."

Auf Wunsch von Ralf verzichteten sie bei der Einzugsfeier auf prominente Gastredner. Ralf wollte intern mit den neuen Mitbewohnern feiern und erst nach einem Jahr, falls sich bis dahin ihre alternative Wohnform bewährt hatte, ein echtes einjähriges Jubiläum auch mit Festtagsreden feiern. Alle waren einverstanden. Eine Ausnahme allerdings wurde gemacht. Denn erleichtert wurde die Feier dadurch, dass diejenigen Mitglieder ihrer 60 plus - Gruppe, die nicht bei den Mitbewohnern waren, allen voran Peter Haller, sich bereit erklärt hatten, die Organisation und die Durchführung der Einzugsfeier zu übernehmen. Sie schmückten den Gemeinschaftsraum, schafften Getränke herbei und kochten ein leckeres Essen. Nach dem Essen wurde eine Hausbesichtigung durchgeführt und dann spielte Ralf mit seiner Gitarre und Nico mit seinem Akkordeon auf. Der glücklichste Mensch an diesem Abend aber war Uwe. Er saß in seinem elektrischen Rollstuhl, mit dem er sehr gut zurechtkam, bedankte sich bei jedem, der vorbeikam und sprach immer wieder die Worte:

„Dass ich das noch erleben konnte. Ich hätte nie gedacht, dass ich dem Pflegeheim noch jemals entkommen werde."

Sie hatten ihm seine Wohnung direkt neben dem Gemeinschaftsraum gegeben, so dass er es nicht weit hatte, wenn er zum Essen kommen wollte. Außerdem bekam er einen „Alarmknopf" ans Handgelenk, so dass er in Notfällen jemand alarmieren konnte. Dieser Alarm wurde bei Susi, der gelernten Altenpflegerin, ausgelöst. Die Wohnung neben ihm gaben sie Susi, die von sich aus anbot, sich etwas um ihn zu kümmern. Da jeder wusste, dass sie finanziell nicht gut gestellt war und ja monatlich ihre Miete bezahlen musste, bot man ihr nach Rücksprache mit den andern an, ihr monatlich den Betrag von 300 € für die Betreuung von Uwe zu bezahlen aus dem Fond, den sein Sohn für seinen Vater überwiesen hatte. Sie war sofort einverstanden und alles schien bestens zu laufen. Auf jeden Fall wurde der Tag des Einzuges ein denkwürdiger Abend, den niemand vergessen sollte. Selbst Horst Beyer, der heftigste Kritiker ihrer Idee, aber einer der fleißigsten Helfer bei der Vorbereitung des Festes, meinte beim Abschied:

„Ja, vielleicht klappt es doch ganz gut bei euch. Nach dem heutigen Eindruck muss man fast davon überzeugt sein. Vielleicht lasse ich mich auch noch bei euch auf die Warteliste setzen."

Eingewöhnung

(2.11.2014)

In den ersten Tagen waren sie abends lange zusammengesessen und hatten viel über noch bestehende Probleme diskutiert, auch mehr als sonst miteinander getrunken und sich immer noch wie bei einem Ausflug oder im Urlaub gefühlt. Nach zwei Monaten normalisierte sich das Leben in ihrer WG, und es spielte sich folgender fester Tagesrhythmus ein:

8.00 Uhr: Frühstück

Nach einem ausgearbeiteten Wochenplan bereiteten immer zwei Personen das Frühstück zu. Ein nahegelegener Bäcker brachte dazu Brezeln und Wecken. Frühstücken konnte man von 8.00 - 9.00 Uhr. Nach dem Frühstück lasen viele Zeitungen. Sie hatten insgesamt drei verschiedene Zeitungen behalten, nämlich den „Bührstädter Boten", die Stuttgarter und die Süddeutsche Zeitung, dazu wöchentlich den „Spiegel". Während sich die Männer hautsächlich zuerst den Sport und die Politik „unter den Nagel rissen", suchten sich die Frauen die Todesanzeigen oder Kreuzworträtsel heraus, die gemeinsam gelöst wurden. Ralf hatte oft schon vorher eine Runde gejoggt, und bekam im Laufe der Zeit noch 3 andere Laufkameraden dazu, so dass sie etwas später nach dem Duschen zum Frühstück kamen.

9.30 Uhr: Vormittagsaktivitäten

Einige Frauen gingen zum Einkaufen, erledigten die Wäsche oder kleine Gartenarbeiten. Ralf und Nico kümmerten sich um die Buchführung und um Finanzen. Wer keine Aufgaben hatte, setzte sich auf ihre Terrasse und las weiterhin ausgiebig die Zeitungen, den „Spiegel" oder irgendein Buch. Manche bewegten sich auch in ihrem Kraftraum. Einmal in der Woche hatte Ralf für die Anfänger eine Art Hobbyrunde im Tennisspiel angeboten und an der beteiligten sich drei männliche und drei weibliche Personen mit zunehmender Begeisterung. Er selbst spielte noch regelmäßig Tennis einmal in der Woche mit Peter Haller, im Winter in der Halle, im Sommer auf den Freiplätzen. Im Laufe der Zeit fanden sich auch noch zusätzlich 6 Personen aus dem Gesamtverein bereit, in ihrer Hobbyrunde mitzuspielen.

11.00 Uhr: Vorbereitung des Mittagessens

Um diese Zeit begannen die eingeteilten Gruppen mit dem Kochen des Mittagessens, wobei jede Person seine Lieblingswünsche äußern durften und diese nach einiger Zeit auch berücksichtigt wurden. So waren z.B. „Linsen und Spätzle" und „Käspätzle" am häufigsten gewünscht. Aber auch Pfannkuchen oder „Kaiserschmarren" standen auf dem Speiseplan. Nach einigen Diskussionen sah man davon ab, verschiedene Menüs an einem Tag anzubieten, weil dies zu aufwendig war. Dafür gab es aber dann mindestens einmal in der Woche ein vegetarisches Essen.

12.30 Uhr: Mittagessen

Nach dem Mittagessen saß man meist gemütlich bis etwa 14.00 Uhr beisammen. Wer keinen Küchendienst hatte, hielt anschließend seinen Mittagsschlaf.

15.30 Uhr: Kaffeetrinken

Einige Frauen hatten, obwohl sie nicht eingeteilt waren, sich bereit erklärt einmal in der Woche einen Kuchen zu backen, häufig brachte auch jemand aus der Stadt etwas Süßes zum Kaffee mit.

Nach dem Kaffeetrinken erfolgten individuell oder auch gemeinsam verschiedene Aktivitäten. Einige Frauen hatten sich zusammengeschlossen und gingen gemeinsam ins Thermalbad, andere gingen spazieren, machten einen Stadtbummel oder eine Radtour. Viele besuchten auch ihre Familie oder ihre bisherigen Bekanntenkreise, zu denen sie natürlich weiterhin Kontakt pflegten und die geradezu begierig darauf waren zu hören, wie sich das Leben in der Kommune so abspielte.

18.00 Uhr: Abendessen

Zum Abendessen gab es meistens eine Wurst- und eine Käseplatte. Als Getränk wurde für alle Tee angeboten, aber wer ein Wasser, ein Bier oder Wein wollte, konnte dies auch bekommen. Nach dem Spülen begann der gemütliche Teil des Abends. Man schaute zuerst gemeinsam um 19.00 Uhr „Heute" an und anschließend spielten die Männer meistens Skat oder Schach, die Frauen Binokel, Canasta oder Rommé, andere wollten in Ruhe ein Buch lesen, und wieder andere schauten fern in dem extra dafür eingerichteten Raum. Manche hatten sich auch dem Tischtennissport verschrieben und trugen im Keller ihre Tischtennisturniere aus.

22.00 Uhr: Ins Bett gehen

So gegen 22.00 Uhr gingen die meisten ins Bett, doch wurde es mit der Uhrzeit nicht so genau genommen. Wenn jemand noch länger fernsehen wollte, konnte er es in dem kleinen Fernsehraum tun, aber die meisten hatten noch einen kleinen privaten Fernseher auf ihrem Zimmer, den sie dann auch benutzen konnten.

Soweit der normale Tagesablauf. Jedoch gab es davon häufig Abweichungen. Noch immer spielten sie alle zwei Wochen Skat in eine Kasse mit den Personen, die schon mit ihnen im „Bären" gespielt hatten und die nun zu ihnen als Gäste kamen. Auf Anregung von Ralf und Nico hatten sie einen SKY – Empfang eingerichtet, mit dem man alle Bundesligaspiele und die Spiele der Champions-League am Dienstag und Mittwochabend empfangen konnte. Hier hatte es die ersten Unstimmigkeiten gegeben, denn Lizza hatte nicht eingesehen, dass sie für etwas bezahlen sollte, das sie nie Anspruch nehmen würde. Die anderen Frauen nahmen eher eine neutrale Haltung ein. Um den Streit nicht eskalieren zu lassen, bezahlten Ralf und Nico den Sender aus der eigenen Tasche. Die Folge war, dass, wenn Europapokalspiele stattfanden, diese häufig von den meisten Männern am Dienstag- und Mittwochabend angeschaut wurden. Dabei war es dann ab und zu auch etwas lauter, vor allem wenn eine deutsche Mannschaft ein Spiel gewonnen hatte. Beim letzten Spiel von Bayern gegen Real Madrid war plötzlich Lizza im Morgenmantel in der Türe aufgetaucht und hatte sich ziemlich hysterisch beschwert, dass sie nicht schlafen könnte und wieso ihr Mann Ingo nicht gegen den Lärm eingeschritten sei. Dieser blickte schuldbewusst zu Boden, einige andere, schon leicht angetrunken und guter Stimmung machten sie mit Bemerkungen an wie:

„Hallo Lizza, je später der Abend umso schöner die Gäste" und „soll ich dir meine Ohropax ausleihen?"

Am nächsten Morgen entschuldigte sich Nico vor allen bei Lizza und versprach, dass sie in Zukunft etwas leiser sein würden. Schweigend hörte sie sich seine Entschuldigung an.

Aber natürlich gab es noch manch andere Vergnügungen, die die Bewohner wie auch bisher noch wahrnahmen: Einige hatten ein Theaterabonnement in Ulm, andere gingen zum Singkreis, einige lernten in der Volkshochschule Italienisch oder Französisch, Nico spielte in einer Kapelle, viele waren bei Veranstaltungen ihrer bisherigen Vereine oder gingen zu Informationsabenden. Gabi und Ralf besuchten, wenn immer es möglich war, Kabarettveranstaltungen oder schauten sich Musicals an.

Nach drei Monaten informierte Ralf die Mitbewohner über die finanzielle Seite in der WG. Durchschnittlich hatten sie im Monat einen Überschuss von 4 500 € erzielt. Man könne nun nach den gemachten Erfahrungen den monatlichen Betrag heruntersetzen, doch er sei eigentlich dagegen. Der übrige Betrag werde schließlich für Notfälle aufgespart, die mit Sicherheit einmal kommen würden und nichts anderes sei als eine zusätzliche Form von privater Pflegeversicherung, die sich nun in ihrem gemeinsamen Besitz befinde. Die Mehrheit stimmte ihm zu.

Wirklich erfreulich verlief auch die Entwicklung der Doktorarbeit von Ruth. Sie hatte sich mächtig in die Materie eingearbeitet und war immer in engem Kontakt zu Ralf. Ganz ausführlich ging sie auf die finanzielle Seite der WG, aber auch auf den von ihr nach seinen Vorschlägen ausgearbeiteten Fragebogen ein, den sie in je 18 Exemplaren an die fünf verschiedenen Gruppen zu Beginn der WG Anfang November verteilt hatte. Eine Woche danach sammelte sie die ausgefüllten Fragbogen wieder ein und wertete sie aus. Außerdem hielt sie engen Kontakt zu Ralf und führte ein genaues Protokoll über alle Geschehnisse in der WG wie z.B. den Tagesablauf, die geselligen Unternehmungen, die sozialen Leistungen, die sie zum Teil immer noch für die 60 plus - Gruppe leisteten. Sie hielt aber nicht nur engen Kontakt zu Ralf, sondern auch zu ihrem Prof. Klein an der Universität. Dieser zeigte immer größeres Interesse an dem Projekt. Er hatte eigentlich schon bei der Einweihungsfeier eine Rede halten wollen, aber die hatte ihm ja Ralf verweigert. Ein bisschen hegte er schon den Verdacht, dass Ruth mit ihrer Annahme richtiglag, in der sie ihrem Professor unterstellte, dass er sich mit dem Verdienst schmücken wollte, ein zukunftweisendes Projekt wissenschaftlich zu begleiten. Doch die Beweggründe des Professors spielten für Ralf keine Rolle. Schon bevor ihr einjähriges Jubiläum fällig war, hatte der Professor sie an einem Sonntag zusammen mit Ruth in der WG besucht. Er stellte sich vor und Ralf sah einen großen, interessanten Mann von etwa 50 Jahren vor sich, mit einer Glatze, aber einem richtigen langen Rauschebart. Dazu trug er eine Fliege, was Ralf wiederum albern vorkam, aber vielleicht hatte er den Bundestagsabgeordneten Lauterbach als Vorbild genommen, der auch immer ähnlich auftrat. Er stellte viele Fragen, schaute sich überall um und bat Ralf, nun bei dem einjährigen Jubiläum die Festrede halten zu dürfen. Er besitze auch gute Kontakte zum Sozialministerium und vielleicht könne ihr Projekt auch als Modell für weitere ähnliche Vorhaben angesehen werden und dadurch in die Förderung von öffentlichen Geldern kommen. Dagegen konnte natürlich keiner etwas haben. Außerdem werde er einen ihm bekannten regionalen Fernsehsender aus Stuttgart mitbringen, der die ganze Feier aufnehmen und später senden werde.

Rückschläge

(März/April 2015)

Auszug aus der WG   März 2015

Nico und Ralf saßen im Büro und stellten die Kostenkalkulationen für die nächsten Monate zusammen. Es klopfte und Nico rief ohne aufzusehen:

„Herein!"

Den Raum betrat Ingo, und er sah irgendwie niedergeschlagen aus. Er wollte sich zuerst gar nicht äußern, bis ihn Ralf aufforderte:

„Hallo Ingo, was ist denn mit dir los?"

„Ich muss euch etwas sagen und das fällt mir verdammt schwer," stieß Ingo hervor und hatte Tränen in den Augen.

Alarmiert schauten Nico und Ralf sich an.

„Ich werde am nächsten Monat wieder ausziehen," stieß er hervor und fing hemmungslos an zu weinen.

Nico fasste ihn an die Schultern und versuchte ihn zu beruhigen.

„Was ist denn los? Warum willst du denn ausziehen?" fragte Ralf, wusste aber eigentlich schon im Voraus die Antwort. Er erinnerte sich daran, wie sich Lizza bei ihrer ersten Versammlung gegen die WG ausgesprochen hatte und er selbst war damals, um ehrlich zu sein, ganz erstaunt darüber gewesen, dass sich Ingo mit Lizza eingetragen hatten bei den Personen, die ihrer WG beitreten wollten.

„Lizza hat mir die Pistole auf die Brust gesetzt und gedroht, sich sofort scheiden zu lassen, wenn wir nicht gleich ausziehen."

Völlig fassungslos betrachtete Ralf den hilflosen Ingo. War das der Mann, der ihn so energisch und kompetent vor zwei Jahren aus dem Gefängnis geholt hatte?

„Was gefällt ihr denn nicht bei uns?", wollte Nico wissen.

„Eigentlich gar nichts, aber alles was sie vorbringt sind nur vorgeschobene Argumente, wie ich wohl weiß. Eigentlich wollte sie nie einziehen und ich habe sie mehr oder weniger dazu gezwungen - ein Fehler, wie ich heute weiß. Sie gibt an, alle seien hier gegen sie. Sie durfte ihre Katze nicht behalten und beim Fußballspiel als wir zu laut waren, habe man sie nur verspottet. Niemand unterhalte sich mit ihr. Sie droht mir, sie halte es keinen Monat mehr hier aus und werde notfalls alleine ausziehen. Ich bin einfach nicht stark genug, um mich ihr gegenüber durchzusetzen und möchte jetzt auch keine Scheidung durchstehen. Der Auszug ist für uns kein Problem, weil ja unser Haus noch nicht vermietet ist und wir jederzeit zurückgehen können. Die WG kann sich ruhig genug Zeit lassen mit dem Weiterverkauf der Wohnung, ich bin nicht auf das Geld angewiesen."

Nico und Ralf betonten, wie sehr sie es bedauerten, dass Ingo sie verlassen werde, er habe viel für die WG geleistet und dass sie hoffen könnten, dass bei ihm dann wieder Ruhe einkehre. Als er, irgendwie erleichtert, dass sein Auszug nun bekannt war, den Raum verließ, meinte Ralf zweifelnd zu Nico:

„Hoffentlich ist damit für Ingo das Schlimmste ausgestanden. Ich weiß nicht, ob er die Probleme mit Lizza nicht in sein altes Haus mitnehmen wird und die Schwierigkeiten weiterhin bestehen bleiben. Ich glaube, ich hätte die ‚zickige' Dame längst zum Teufel geschickt!"

„Offensichtlich hat er im Augenblick nicht die Kraft und den Willen dazu, obwohl ich den sonst so energischen Ingo ganz anders eingeschätzt hätte," fügte Nico hinzu.

Natürlich wurde die Nachricht vom Auszug Ingos und seiner Frau von den anderen mit Bestürzung aufgenommen, aber es gab auch einige, die der Meinung waren, dass Lizza nie richtig in ihre WG gepasst hätte und man froh sein müsste, einen Störenfried los zu sein. Damit war zuerst einmal für die meisten das Thema erledigt.

Ingo und Lizza waren nun schon einen Monat ausgezogen, da erreichte Nico ein Anruf von Ingos Tochter Lore aus der Nervenklinik im Christophsbad in Göppingen, wo Ingo sich anscheinend im Augenblick befand. Fassungslos legte Nico den Telefonhörer auf die Gabel und berichtete Ralf: Ingo hatte einen Selbstmordversuch mit Tabletten unternommen, seine Tochter hatte ihn noch rechtzeitig gefunden, und nun befand er sich in der geschlossenen Abteilung. Sie bat Nico, ob er ihn nicht als sein ehemaliger bester Freund zusammen mit einem anderen Bewohner aus der WG besuchen könnte. Er sei schwer depressiv nach dem Auszug aus der WG geworden, kaum noch ansprechbar und sie wüsste auch nicht so recht, wie es weitergehen sollte. Ein Besuch seiner alten Freunde würde ihn sicher etwas aufheitern. Sie habe jetzt zwar eine Idee für die weitere Zukunft, aber dazu brauche sie auch die Zustimmung der WG. Sie schlug vor, dass sie sich in der Nervenklinik im Zimmer bei ihrem Vater treffen könnten. Sie käme etwas später und sie sollten ruhig schon vorher zu ihrem Vater hineingehen. Sie vereinbarten das Treffen für den nächsten Spätnachmittag.

Als Nico und Ralf am nächsten Tag an der Zimmertüre Ingos anklopften, nachdem sie zuerst bei der Anmeldung vorbeigegangen waren, die die Türen der geschlossenen Abteilung für sie öffnete, hörten sie ein schwaches Herein aus dem Zimmer. Sie öffneten die Türe und fanden Ingo auf dem Bett liegend. Langsam richtete er sich auf und dann ging ein Strahlen über sein Gesicht.

„Mensch Ingo, du machst Sachen. Dich kann man nicht allein lassen," entfuhr es Ralf und er nahm ihn in die Arme. Ingo zuckte nur mit den Schultern.

„Ehrlich, ich hätte auch selbst von mir nicht erwartet, dass ich einmal so ‚dahänge'. Von euch ausgezogen, wurde das Zusammenleben mit Lizza auch nicht besser. Ich hätte in der WG bleiben sollen. Das wurde mir immer klarer, denn das Problem war nicht die WG, sondern mein gestörtes Verhältnis zu meiner Frau, der ich nichts mehr recht machen konnte. Sie stellte immer neue Ansprüche, wollte eine Kreuzfahrt nach der anderen unternehmen, wollte, dass wir zusammen einen Tanzkurs belegen usw. Alles Dinge, auf die ich überhaupt keine Lust hatte. Aber sie ging auf keines meiner Argumente ein. Es kam mir vor, als wenn sie dachte, sie hätte im Leben etwas verpasst, das sie jetzt nachholen müsste. Alles war so aussichtslos, ständig Streitereien, ich sah einfach keinen Lösungsweg mehr, und dann habe ich es einfach gemacht. Beim Aufwachen im Krankenhaus war ich nur traurig darüber, dass es nicht geklappt hatte."

Ein leichtes Klopfen war an der Türe zu hören und dann trat seine Tochter Lore ins Zimmer, die gerade von der Pädagogischen Hochschule in Schwäbisch Gmünd kam, an der sie im letzten Semester für das Lehramt an Realschulen studierte. Sie war locker ins Jeans gekleidet, ungeschminkt und dennoch interessant aussehend mit ihren ganz kurzen blonden Haaren. Sie nahm ihren Papa in den Arm und küsste ihn zärtlich. Dann löste sie sich von ihm und kam unverzüglich auf eigentlichen Anlass ihres Besuches zu sprechen:

„Wir müssen uns etwas beeilen, meine Mutter wird in ein paar Minuten hier eintreffen. Sie hat wohl vom Arzt mitgeteilt bekommen, dass mein Vater heute Besuch erhält und will uns das Feld nicht so ohne weiteres überlassen. Nach Gesprächen mit dem behandelnden Arzt stellt sich der Sachverhalt folgendermaßen dar: Mein Vater erhält im Moment Medikamente mit aufhellender Wirkung und dazu eine Gesprächstherapie. Aber das wird eines Tages auch enden. Nach Meinung des Doktors kann sich sein Zustand nur bessern, wenn sich auch die Ursachen für den ganzen seelischen Zusammenbruch ändern, bzw. beseitigt werden."

„Und was sind die Ursachen nach Meinung des Arztes?", fragte Ralf, obwohl er eigentlich den Grund sehr wohl kannte.

„Die Ursachen liegen in der Person meiner Mutter und ihrem beherrschenden Wesen, das keine Kompromisse eingehen kann", beantwortete sie eiskalt und überraschte die beiden etwas.

Sie hätten nicht gedacht, dass die Tochter so massiv gegen ihre eigene Mutter Stellung beziehen würde. Aber natürlich handelte sie auch im Interesse ihres Vaters, an dem sie hing. Doch sie hatte früher auch schon manchen Streit mit ihrer Mutter ausgestanden und war vorzeitig ausgezogen, weil sie nicht mit ihr auskam.

„Um es klar auszusprechen, wenn mein Vater wieder gesundwerden will, muss sich er von meiner Mutter trennen. Er ist ja mündig und kann für sich selbst entscheiden, muss dazu aber Standfestigkeit beweisen. Ich glaube sogar, dass er vor allem deshalb in die WG eingezogen ist, um dem Einfluss seiner Ehefrau wenigstens teilweise zu entkommen Und gerade deshalb wäre es natürlich schon für ihn eine große seelische Hilfe, wenn er wieder in die Senioren WG kommen könnte. Ist das möglich?"

„Aber ja, die Wohnung ist noch frei, und alle würden sich darüber freuen", antwortete Nico spontan.

Ralf hatte Ingos Gesichtsausdruck bei den letzten Sätzen beobachtet und merkte, wie es immer freundlicher wurde.

„Das geht tatsächlich noch? Doch was wird Lizza dazu sagen?", fragte er unsicher.

„Sie wird absolut dagegen sein. Aber davon darfst du dich nicht beeinflussen lassen. Es geht um dein Leben. Aber denk daran bei allem, was du jetzt tun wirst: Ich mag dich und ich möchte, dass du weiterlebst. Doch das geht nur, wenn du dich von ihr trennst. Du hast auch mir gegenüber eine Verantwortung. Sei einmal stark und gebe nicht nach!"

Auch Nico und Ralf stimmten seiner Tochter zu, obwohl sie sich normalerweise aus Familienangelegenheiten heraushielten. In diesem Augenblick wurde die Türe aufgerissen und Lizza stürmte ins Zimmer. Sie war aufgedonnert, stark geschminkt und trug ein knallgelbes Kostüm mit einem zu kurzen Rock.

„Da sind ja die wahren Schuldigen an der ganzen Misere. Das konnte ja gar nicht gut gehen. Eine Seniorenkommune zu gründen in eurem Alter. Das ist ja absolut lächerlich. Ihr allein tragt die Verantwortung!"

Das war zu viel für Ralf. Er verlor einen Augenblick die Beherrschung, trat drohend auf sie zu und schrie sie an:

„Das ist ja eine absolute Unverschämtheit. Den Ehemann fast in den Tod zu treiben und sich dann so aufzuspielen! Hast du denn gar kein Schamgefühl?"

Nico hielt ihn zurück und Lore ergriff die Initiative:

„Du weißt ganz genau, wer die Schuld am Zustand von Papa trägt. Nur du allein bist verantwortlich!"

„Ich verbiete dir mit mir in so einem ...!"

„Du hast mir gar nichts zu verbieten! Ich bin volljährig und Papa ist mündig und für sich selbst verantwortlich. Er wird dich verlassen und direkt von hier wieder in die Senioren WG ziehen. Und an deiner Stelle wäre ich ganz schön vorsichtig. Von welchem Geld lebst du denn herunter und bestreitest deine ganzen unsinnigen Ausgaben? Das könnte vorerst ganz schnell zu Ende sein, denn gelernt hast du ja nichts, und das Vermögen, das Papa besitzt, hat er ohne dein Zutun erworben. Du warst nur gut dafür, das Geld auszugeben. Das wird in einem Scheidungsfalle von Bedeutung sein. Und denke auch daran, dein Mann ist von Beruf Anwalt und kennt sich im Scheidungsrecht ziemlich gut aus."

Das saß.

„Ich werde mit Papas Einwilligung bei Dr. Wörner beantragen, dass du Besuchsverbot erhältst, und im Interesse von Papa wird er dies auch aussprechen. Und jetzt verschwinde hier, wir haben Wichtiges zu regeln!"

Während der ganzen Szene hatte Ingo keinen Ton gesprochen und auch Ralf und Nico schauten wie erstarrt dem ganzen Schauspiel zu. Fassungslos über die Energie ihrer Tochter und wütend ergriff Lizza ihre Tasche und stürmte aus dem Zimmer mit den Worten: „Ihr werdet noch von mir hören!"

Es herrschte langes Schweigen. Erst so langsam begriff Ingo die Tragweite des Geschehens. Alle drei redeten auf ihn ein, dass es jetzt ganz wichtig wäre, stark zu bleiben und nicht nachzugeben. Nur so könne er wieder gesundwerden. Dies versprach auch Ingo und obwohl Ralf so seine Zweifel hegte, hielt er tatsächlich durch und konnte nach Beendigung seiner Therapie drei Wochen später wieder bei ihnen einziehen.

Ein Demenzkranker in der WG   April 2015

Die zweite Krise, die bei ihnen kurz danach eintrat, war nicht so schnell beendet und ihre Auswirkungen betrafen die ganze Senioren WG auch noch weiterhin. Uwe Frenzel wohnte in der Wohnung neben dem Gemeinschaftsraum und konnte selbstän-

dig mit seinem elektrischen Rollstuhl in dem Gemeinschaftsraum und auch hinunter zur Terrasse mit dem Fahrstuhl fahren.
Beim Aufstehen und ins Bett gehen half ihm die gelernte Kran-
kenschwester Susi, die auch sonst nach ihm schaute. Pater Erich,
in dessen Wohnung er ja wohnte und der auch die Verbindung
zu seinem Sohn in Amerika unterhielt, besuchte ihn auch öfters
und unterhielt sich mit ihm. Anfang April beim Abendessen war
Uwes Platz leer. Normalerweise richtete Susi ihn eine halbe
Stunde vor jeder Mahlzeit und setzte ihn in seinen Rollstuhl. So
war es auch an diesem Abend geschehen. Er konnte dann die
Zeit bis zum Abendessen frei gestalten, ging in den Fernsehraum
oder zu den Bücherregalen und fuhr dann alleine in den Spei-
sesaal. Susi wollte gleich aufspringen und ihn holen, aber Gaby
meinte, dass er doch bis jetzt immer alleine gekommen sei und
sie solle noch eine Weile warten, damit er sich nicht so bevor-
mundet vorkomme. Susi setzte sich zögernd wieder. Plötzlich
klingelte es an der Haustüre. Ralf ging hinunter ins Erdgeschoss
und nach einiger Zeit kam er wieder in Begleitung eines Polizisten, gefolgt von Uwe im Rollstuhl sitzend. Uwe weinte vor sich
hin und sagte, er wolle nichts essen und nur ins Bett. Susi brachte ihn in sein Zimmer und zu Bett. In der Zwischenzeit erzählte
der Polizist, dass Passanten Uwe bei dem kalten Wetter draußen
auf der Straße gesehen, ihn angesprochen, aber keine Antwort
erhalten hätten. Dann wurde die Polizei gerufen. Auf Befragung
des Polizisten konnte er seinen Namen nicht nennen und auch
keine Adresse angeben, wo er wohnte. Sie hätten dann einfach
vermutet, dass er zur Senioren WG gehöre. Allerdings hätte er
bisher nicht gewusst, dass hier auch Menschen wohnten, die an
„Alzheimer" erkrankt seien. Sie bedankten sich bei ihm, und er
verabschiedete sich. Es herrschte Todesstille. Das Wort „Alzheimer" hing bedeutungsschwer im Raum. Als Susi zurückkam,
fragte Ralf alle Anwesenden, ob denn irgendjemand von ihnen
schon einige Anzeichen dafür bemerkt hätten, dass Uwe an
„Alzheimer" leide. Nach einem betretenen Schweigen berichtete

Susi, dass Uwe in den letzten Nächten den Alarmknopf schon mehrmals ausgelöst hätte, ohne dass es einen Grund gab. Sie hätte auch seinen Geldbeutel schon im Kühlschrank gefunden. Manchmal habe er schon Gegenstände gesucht, die dann an einem völlig verkehrten Platz lagen wie z.B. die Hausschuhe im Papierkorb und die Haarbürste im Schuhschrank. Einmal habe er abends, obwohl er beim Abendessen mitgegessen habe, einen halben Kuchen auf einmal aufgegessen, den sie ihm von der Küche mitgebracht hatte. Aber sie hatte all diese Geschehnisse seinem Alter zugeschrieben und nicht an Demenz gedacht. Nico erzählte, ob sie nicht bemerkt hätten, dass er in letzter Zeit nicht mehr Skat mitspiele, und Uwe davor beim Skatspielen jedes Mal einen Zettel seitlich bei sich liegen hatte, auf dem die Werte der einzelnen Spiele und der einzelnen Karten aufnotiert waren. Gaby hatte bemerkt, dass er in letzter Zeit nicht mehr Zeitung lese und er ab und zu verschiedene Socken angehabt hätte. Nun meldete sich wieder Susi. Soviel sie wisse, habe doch Uwe einen Schlaganfall erlitten, und seitdem sitze er im Rollstuhl. Es sei ihres Wissens nach recht häufig, dass Menschen nach einem Schlaganfall auch an „Alzheimer" erkrankten. Aber darüber müsse der Hausarzt mehr wissen. Den sollte man zuerst einmal befragen.

Pater Erich, Susi und Ralf vereinbarten, gleich am nächsten Tag seinen Hausarzt Dr. Bader aufzusuchen. Dieser empfing sie am nächsten Nachmittag, und er hatte einige Überraschungen für sie parat. Zuerst bestätigte er einmal die Äußerungen von Susi. Tatsächlich hätten Schlaganfallpatienten ein 25 % höheres Risiko an Alzheimer zu erkranken. Noch höher sei das Risiko, wenn diese an hohem Blutdruck leiden würden. Er sei eigentlich überrascht gewesen, dass sie nicht längst zu ihm gekommen seien. Denn als Uwe noch im Pflegeheim untergebracht gewesen sei, habe er ihn von einem Neurologen mit verschiedenen Tests untersuchen lassen und dabei seien deutliche Anzeichen auf „Alzheimer" festgestellt worden. Jedoch würden sich die ersten

Auswirkungen schleichend auswirken, und er habe damals mit einer medikamentösen Therapie gegen Gedächtnisstörungen bei ihm begonnen. Doch die Therapie habe Uwe zu jener Zeit, als die Gründung der Senioren WG ins Gespräch kam, beendet und ihn nicht wieder aufgefordert zu kommen und ihn auch nicht mehr empfangen, obwohl er bei ihm nachgefragt habe. Das sei jetzt etwa 18 Monate her und bei einem normalen Verlauf der Krankheit müsste er jetzt im mittleren Stadium der Krankheit sein. Dieses Stadium sei gekennzeichnet durch:

Zunehmende Vergesslichkeit -

Benutzung von Wörtern in falschem Zusammenhang -

Rückzug zu sich selbst -

Manchmal aggressive Handlungen -

Schnelle Überforderung -

Weglauftendenzen -

Ralf und Pater Erich schauten sich an und Pater Erich fragte Ralf:

„Denkst du das Gleiche wie ich?" Doch Doktor Bader kam ihm zuvor:

„Ja, er hat euch wohl bewusst seine Krankheit verschwiegen, weil er unbedingt in die Senioren WG aufgenommen werden wollte."

Nun wandte sich Susi direkt an den Doktor:

„Glauben Sie, dass der Herr Uwe Frenzel bei uns in der Senioren WG bleiben kann?"

„Das kommt darauf an, was Sie alle bereit sind für ihn zu leisten und zu ertragen. In der jetzt wohl beginnenden mittleren Phase wäre es denkbar, in der Endphase wird es sicher schwierig. Da muss er fast rund um die Uhr betreut werden. Das ginge dann nur mit Hilfe eines zusätzlichen Betreuers vom Pflegedienst."

„Können wir denn etwas tun, um den Verlauf der Krankheit aufzuhalten?" fragte Susi nach. „Das ist schwierig, und eines muss klar sein, bis heute kann man ‚Alzheimer' nicht heilen, selbst wenn es manchmal Personen gibt, die das behaupten. Man kann es höchstens hinausschieben und der vorzeitige Tod ist meist unausweichlich. Was man tun könnte, wäre eine Kombination und ein Gesamtkonzept von folgenden Maßnahmen:

Stärkung der Alltagskompetenz, um den Abbau der Hirnleistungen zu verzögern mit Medikamenten -

Übungen in Ergotherapie -

Vermittlung einfacher Strategien, um im Alltag zurecht zu kommen wie Zettel mit Anweisungen an die Pinnwände zu stecken -

Die noch vorhandenen Erinnerungen zurückholen oder wiedererwecken mit Anschauen von Alben und Liedern aus der Kindheit singen-

Alte Bücher anschauen und Geschichten erzählen" -

„Nun gut, ob das alles noch zum Tragen kommt, ist keineswegs sicher. Wir müssen zuerst unsere Mitbewohner mit dieser nicht ganz einfachen Situation konfrontieren und abwarten, wie sie eingestellt sind," beschloss Ralf den Besuch bei Dr. Bader.

Als sie in ihr Heim zurückkamen, besuchten sie zuerst Uwe in seiner Wohnung. Er lag auf seinem Bett und als sie eintraten, drehte er sich zur Wand. Ganz direkt sprach Ralf ihn an.

„Uwe, wir kommen gerade von Dr. Bader."

Uwe drehte sich herum und flüsterte: „Dann wisst ihr es also?"

„Ja, Uwe, wir wissen, dass du an ‚Alzheimer' erkrankt bist", antwortete Pater Erich.

„Gott sei Dank, dann ist das wenigstens auch vorüber. Ich bin froh, dass es heraus ist. Es tut mir furchtbar leid, dass ich es euch nicht gesagt habe, aber ich hatte so furchtbare Angst, dass ich nicht bei euch einziehen darf. Muss ich jetzt wieder zurück ins Heim?"

Langes Schweigen.

„Wir reden nach dem Abendessen mit den übrigen Mitbewohnern, wie es weitergehen könnte. Aber eines ist klar, sollten wir je beschließen, dass du hierbleiben darfst, dann musst du uns in allen Maßnahmen unterstützen, die wir für dich treffen."

„Ich werde alles tun, was ihr von mir wollt, solange ich noch klar genug im Kopf bin," versicherte Uwe, nun wieder etwas Hoffnung schöpfend. Sie verließen den Raum, Susi teilte allen mit, dass sie nach dem Abendessen eine Versammlung abhalten würden.

Das Abendessen wurde ziemlich schweigsam eingenommen, Ingo befand sich noch in der Klinik. Für Uwe brachte Susi das Essen aufs Zimmer und machte ihn bettfertig. Danach stellte Nico den Sachverhalt dar. Er endete mit den Worten:

„Die Frage ist nun, wie wir mit dem Problem Uwe weiter umgehen. Das heißt ganz konkret: Sind wir gewillt, ihn weiterhin bei uns zu behalten oder kommt er zurück ins Pflegeheim? Falls wir uns dafür entscheiden, dass er hierbleiben darf, sollten wir uns alle darüber im Klaren sein, was es bedeutet, einen Demenzkranken in unserer Wohngruppe zu behalten. Es ist jetzt nicht die Zeit, sich aus falschem Idealismus Illusionen zu machen. Ich bitte um Wortmeldungen. Wir sind hier unter uns. Sagt bitte ganz offen eure Meinung. Am Ende werden wir darüber abstimmen, was wir tun werden."

Wieder Schweigen. Dann kam die Wortmeldung von Ralf:

„Wenn einer von euch der Meinung ist, dass wir gegenüber Uwe keine Verpflichtungen haben, dann muss man ihm zumindest teilweise recht geben, denn er hat uns schließlich hintergangen und ist bei uns eingezogen, ohne uns zu sagen, dass er an ‚Alzheimer' leidet, obwohl er selbst das wusste. Das heißt jetzt nicht, dass ich dafür bin, dass er ausziehen muss, aber moralisch könnte uns niemand einen Vorwurf machen."

„Ich glaube, wir sollten uns zuerst einmal vergegenwärtigen, was es denn bedeuten würde, wenn er hierbliebe und welche Belastungen auf uns zukommen würden", riet Margit. „Vollkommen richtig, also tragen wir einmal zusammen, welche Belastungen auf uns zukommen", schlug Nico vor.

Es fielen folgende Äußerungen:

Vielfältige Beschäftigungen mit ihm, um das Fortschreiten der Krankheit zu verlangsamen -

Pflegerische Leistungen beim Anziehen, Essen, zu Bett gehen, Tabletten einnehmen und später sicher auch bei der Unter- und der Bettwäsche wechseln, wenn er nicht mehr zur Toilette gehen kann -

Im Endstadium würde sicher eine Rund-um-die-Uhr-Betreuung notwendig sein -

Ein Gebundensein ans Haus, z.B. die geplante gemeinsame Berlinreise im Juni wäre kaum möglich, weil ja immer jemand um Uwe herum sein müsste -

Als keine zusätzlichen Punkte geäußert wurden, versuchten sie nun Argumente zu sammeln, die für ein Verbleiben von Uwe sprachen:

Dankbarkeit empfinden und diese auch beweisen gegenüber einer herzensguten Person, der sie auch als früherem Vorstand der 60 plus - Seniorengruppe viel zu verdanken hatten -

Ralf brachte vor, dass bei Demenzkranken häufig auch Aggressivität mit im Spiel sei. Dies treffe bei Uwe aber keineswegs zu, er werde sicherlich immer ein pflegeleichter Patient bleiben -

Pater Erich aber brachte in einer Ansprache die eigentlich entscheidenden Argumente vor: Es dürfe nun keineswegs so sein, dass ihre Wohngemeinschaft in ihrem Zusammenleben und Freizeitverhalten entscheidend behindert werde, sondern man müsse alles tun, um die Gruppe soweit wie möglich zu entlasten, und der Gedanke der Wohngemeinschaft sollte weiterhin überzeugend verwirklicht werden. Das bedeute im Klartext, dass sie sich nicht überfordern dürften und Pflegeleistungen von ambulanten Pflegediensten in Anspruch nehmen müssten. Man habe sich schließlich bei der Gründung der WG nicht versprochen, dass man im Pflegefall bis zum Lebensende in der WG versorgt werde. Man könne aber jetzt hier beim Fall Uwe einmal testen, wie weit sie in der Gemeinschaft Hilfe leisten könnten und dabei natürlich auch professionelle Hilfe in Anspruch nehmen. Dafür sei das Geld bei Uwe ja vorhanden und die Pflegeversicherung würde in jedem Falle auch greifen. Außerdem gäbe es in Deutschland schon viele Senioren WGs, allein in Berlin 600, die auch zum Teil aus Demenzkranken bestehe. Entweder würden diese von den Angehörigen oder von ambulanten Pflegediensten oder von beiden in Kombination betreut. Das sei zugegeben anders als bisher bei ihnen, aber einzelne Berührungspunkte wären schon vorhanden. Ganz klar aber sei festzustellen, dass es ohne engagierten Einsatz und Kompromissbereitschaft aller Beteiligten nicht funktionieren könne. Man müsse die Belastungen oben im Einzelfall ganz realistisch betrachten und eventuell auch unangenehme Entscheidungen treffen wie z.B.:

Wenn sie gemeinsam nach Berlin fahren würden, wozu sie der SPD-Bundestagsabgeordnete ihres Landkreises eingeladen hatte, müsse Uwe eben über diesen Zeitraum ins Pflegeheim zur Kurzzeitpflege -

Das gelte auch für andere kürzere Zeitabschnitte, in denen die Gruppe nicht anwesend sei. Da bleibe eben nur diese Möglichkeit übrig-

Im augenblicklichen Stadium würde der Einsatz einer ambulanten Pflegekraft mit einigen Stunden ausreichen-

Man könne auch überlegen, wenn Susi einverstanden wäre, dass sie diese Dienste stundenweise übernehme und man ihr dafür im Moment das entsprechende Pflegegeld, das er bei seiner Einstufung von Pflegestufe 1 bekommt, an sie auszahle. Susi erklärte sich damit einverstanden.

Es sei vollkommen klar, dass im Endstadium neue Herausforderungen auf sie zukommen würden und Uwe dann entweder doch ins Pflegeheim müsste oder eine ambulante Pflegekraft zusätzlich für längere Zeit, eventuell auch bei Nacht, eingestellt würde. Dafür hätten sie ja auch das Gästezimmer, dass eine derartige Lösung ermögliche -

Das hörte sich alles nun doch viel besser an, als sie es anfangs im ersten Schock nach der Mitteilung über Uwes Zustand empfunden hatten. Nicos Ehefrau Margit brachte dann den Durchbruch mit ihren Überlegungen:

„Wenn wir Uwe wieder ins Heim zurückschicken, könnte uns niemand einen Vorwurf machen. Wenn ich von mir aus ausgehe, würde mir aber erstens Uwe furchtbar leidtun, denn er bekommt im Augenblick noch alles mit, was um ihn herum geschieht. Und zweitens würde ich das irgendwie als persönliche Niederlage empfinden, wenn wir nach nicht einmal einem Jahr eine Person aus unserer Wohngemeinschaft ausschließen müssten. Das wäre für mich ein Scheitern unserer Idee. Ich kenne da so einige, die sich dabei die Hände reiben würden. Aber in der Öffentlichkeit würde man es uns sicher hoch anrechnen, wenn wir bereit sind, die Belastung, eines an ‚Alzheimer' Erkrankten mitzutragen. Außerdem kann man doch vereinbaren, dass die Abstimmung zuerst einmal für einen begrenzten Zeitraum, sagen wir für ein Jahr, gelten wird, und wenn Uwe dann im Endstadium ist, muss man neu darüber abstimmen."

Gaby, Nico, Susi und Pater Erich und Ralf stimmen ihr ohne Vorbehalt zu, die anderen waren noch zurückhaltender, aber die anschließende Abstimmung fiel dann doch einstimmig für den Verbleib von Uwe aus.

Susi wurde gebeten, einmal so eine Art Plan aufzustellen, was für die Versorgung von Uwe organisiert werden müsste und was die einzelnen von ihnen so für Uwe leisten könnten. Nach zwei Tagen präsentierte sie folgende Maßnahmen:

Medikamentöse Verschreibung von Dr. Bader -

Verabreichung der Medikamente durch Susi-

Hilfen durch Susi beim morgens Aufstehen und abends ins Bett gehen, sowie bei der Nahrungsaufnahme (vertreten wurde sie bei besonderen Gelegenheiten durch Margit und Gaby) -

Anbringen einer Pinnwand für Uwe, auf der die wichtigsten Tätigkeiten für jeden Tag aufgehängt wurden, die er sich immer, bevor er das Zimmer verlassen würde, anschauen sollte, denn noch konnte er ja lesen -

Tägliches Spazierenfahren mit dem Rollstuhl im Freien, dabei sollte er abwechselnd von den Männern geschoben werden -

Ergotherapeutische Übungen mit einem Ergotherapeuten -

Das Singen, Malen, Fotoalben ansehen, Redensarten ergänzen usw. übernimmt das Lehrerehepaar.

Im Übrigen sei es wichtig, dass er bei den meisten Tätigkeiten und Veranstaltungen dabei sein durfte, denn schon die Anwesenheit innerhalb der Gemeinschaft könnte ihm nur gut tun. Er fühle sich nicht ausgeschlossen, und das sei auf jeden Fall positiv für seine Persönlichkeit –

In den nächsten Wochen spielten sich ihre neuen Rollenverteilungen ganz gut ein, wenn auch immer mal wieder einige kleine Unstimmigkeiten aufkamen. Rolfs Bauers Frau z.B. konnte es beim Essen nicht ertragen, wie Uwe schmatzte und schlürfte, die

Speisereste in den Mundwinkeln hängen hatte und häufig die Essenreste fallen ließ. Es verging ihr einfach dabei der Appetit. Das sah man ein und man gab ihr dann einen Platz, der weit weg von Uwe war.

Aber im Großen und Ganzen empfanden die meisten die Anwesenheit von Uwe nicht als Belastung, ja einige bezeichneten die Versorgung von Uwe sogar als Bereicherung, die auch ihren Tag weiter strukturiere, eine sinnvolle Lebensaufgabe darstelle und einem das gute Gefühl vermittle, für einen wertvollen Menschen eine gute Tat zu vollbringen.

Dass jedoch die ‚Alzheimer' Krankheit von Uwe bei allen Mitbewohnern ihre Spuren und bei manchen sogar einen Schock hinterlassen hatte, beweisen folgende Vorgänge:

Am 21.09.2015 kam im Radio auf SWR 1 eine Sendung über Demenzkranke von einem Prof. Christian Haass.

Sie hatten die Sendung gemeinsam angehört und die wichtigsten Informationen für sich und die ganze Gruppe aufgenommen und versucht, soweit das möglich war, die Empfehlungen in ihrem Alltag umzusetzen. Diese lauteten:

Man kann der ‚Alzheimer' Krankheit durch die folgenden 4 Bausteine vorbeugen:

1. Gesundes Essen, dazu gehören viel Obst und Gemüse, Hülsenfrüchte, Nüsse, Fisch, pflanzliche Öle und Fette
2. Viel Schlaf
3. Soziales Leben
4. Körperliche Bewegung:
   Regelmäßige körperliche Bewegung steigert die Durchblutung und die Sauerstoffversorgung des Gehirns und steigert auch die Denkfähigkeit
   So ist zum Beispiel Tanzen besonders hilfreich, weil dabei Hormone freigesetzt werden, die ins Gehirn wandern und dort positive Veränderungen bewirken.

Auch hat in den letzten Jahren der prozentuelle Anteil der an ,Alzheimer' Erkrankten um 25 % gegenüber den Vorjahren abgenommen, weil eben die älteren Menschen gesünder und bewusster lebten.

Die Radiosendung hatte also folgende Auswirkungen auf das Leben in der WG: Es wurde jetzt grundsätzlich mehr Obst gegessen und freitags gab es meistens Fisch. Die Zahl, derer, die mehrmals in der Woche Tischtennis oder Tennis spielten, nahm zu, Einkäufe wurden häufiger zu Fuß erledigt. Drei Ehepaare nahmen an einem Seniorentanzkurs teil und die Spielabende wurden von noch mehr Personen als bisher besucht.

Eine interessante Idee

(02. November 2015)

Für die Jubiläumsfeier hatte Ralf folgenden Artikel in die Zeitung gesetzt

Einjähriges Jubiläum der Senioren WG Bührstadt

Ein Jahr nach dem Einzug in die Senioren WG Bührstadt feiert die WG ihr einjähriges Jubiläum am 6.11.2015 im Haus der WG. Dazu werden Politiker, bekannte Wissenschaftler, örtliche Honoratioren und ein regionaler Fernsehsender erscheinen. Sie alle, zusammen mit den Bewohnern der WG, werden die Entwicklung und die Bedeutung dieser alternativen Wohnform beschreiben und bewerten. Auf Grund der großen Nachfrage musste die Besucherzahl begrenzt werden.

Beschäftigt mit den letzten Vorbereitungen für ihre Jubiläumsfeier saß Ralf im Büro und stellte die Gäste - und Rednerliste zusammen. Da klopfte es an der Türe. Er öffnete die Türe und stand einer wohl 60-jährigen, gut gekleideten Dame gegenüber, die er irgendwoher kannte. Sie begrüßte ihn mit Namen und stellte sich vor:

„Grüß Gott Herr Rein. Mein Name ist Rink, ich wohne im „Betreuten Wohnen" nicht weit von hier und bin die Sprecherin der Bewohner dieser Anlage. Kann ich Sie kurz sprechen?"

Er bat sie herein und bot ihr den Platz auf ihrer Sitzgruppe an, fragte sich jedoch, was die Dame wohl von ihm wollte. Doch sie kam gleich von selbst auf den Grund ihres Besuches zu sprechen:

„Wir Bewohner der ‚Seniorenwohnanlage' verfolgen mit großem Interesse von Beginn an die Entwicklung Ihrer Senioren WG. Dieses Interesse wurde auch geweckt durch die Meinungsumfrage bei uns von Fräulein Haller für ihre Doktorarbeit, wodurch wir zum ersten Mal mit Ihrer Senioren WG in Berührung kamen. Danach haben sich einige von uns Gedanken gemacht, ob wir nicht einen Teil Ihrer Ideen auch für unsere Wohngruppe übernehmen können. Doch dazu müssen wir natürlich zuerst einmal wissen, wie bei Ihnen so der Alltag abläuft. Auch denken wir, weil Sie sich ja mit alternativen Wohnprojekten schon längere Zeit befasst haben, dass Sie uns bei eventuellen Veränderungen behilflich sein und uns beraten könnten. Kurz gesagt: Könnten Sie nicht bei uns eine Art Informationsabend über Ihre Senioren WG halten und sich dann gemeinsam mit uns beraten, was und wie wir Teile Ihrer Maßnahmen bei uns mit übernehmen können?"

Ralf überlegte eine Weile.

„Also einen Informationsabend halte ich gerne bei Ihnen ab. Aber wenn ich Sie recht verstehe, geht es eigentlich darum, dass Sie beabsichtigen, eine bestehende ‚Betreute Wohnanlage' in eine Art Senioren WG umzuwandeln. Ist das richtig? Eigentlich eine sehr interessante Idee."

„Ja, so etwa könnte man es ausdrücken. Natürlich ist das alles nicht so einfach, wie wenn man von Anfang eine Senioren WG geplant hätte, das ist uns schon klar. Aber in manchen Punkten müsste es doch möglich sein. Wir haben in den drei Jahren, in denen wir bis jetzt in der ‚Betreuten Wohnanlage' wohnen, festgestellt, dass wir mit dem jetzigen Zustand nicht zufrieden sind, und wir uns das gemeinschaftliches Leben anders vorgestellt haben. Es gibt zu wenig Gemeinsamkeiten, jeder lebt für sich alleine, finanzielle Einsparungen durch gemeinsame Nutzungen von Gemeinschaftseigentum finden praktisch nicht statt, für jede Hilfe müssen die ambulanten Pflegedienste in Anspruch genommen und bezahlt werden. Die älteren Bewohner erhalten ‚Essen auf Rädern', das eigentlich kaum jemandem schmeckt. Bei anderen ähnlichen Wohnanlagen haben wir auch schon festgestellt, dass die Bewohner gemeinsam immer älter werden und keine Initiativen mehr von den Bewohnern kommen. Es besteht kaum ein Unterschied zum Wohnen in einem normalen Wohnblock. Das ist einem Teil von uns einfach zu wenig."

„Hm, das kann ich gut verstehen. Um aber überhaupt weiter zu kommen, müsste ich einige Punkte vorher abklären. Welche Gemeinschaftsräume gibt es denn in Ihrer Wohnanlage?"

Wir haben eigentlich nur einen gemeinsamen großen Aufenthaltsraum. Das ist schon alles."

„Zweite Frage: Wie viele Wohneinheiten sind denn in dem Haus und wie viele Personen wohnen darin als Besitzer oder in Miete?"

„In unserer Wohnanlage wohnen 20 Wohnparteien, davon sind 12 auch die Eigentümer der Wohnungen."

„Grundsätzlich lässt sich feststellen, dass das Leben in der WG im Unterschied zum Wohnen im eigenen Zuhause einige Module enthält, die eventuell übertragbar und einige, die nicht übertragbar sind. Also, so ohne langes Nachdenken, meine ich, dass folgende Veränderungen durchführbar wären: Sie können auch in Ihrer jetzigen Wohnsituation alle geselligen Veranstaltungen durchzuführen, die unsere WG auch durchführt. Ich denke da an Spiel - und Bastelabende, gemeinsame Feiern und Veranstaltungen, organisierte Ausflüge, Wanderungen usw. Sie können auch manche der Maßnahmen umsetzen, die zu einer finanziellen Einsparung führen. Allerdings müssen Sie sich einig sein und an einem Strang ziehen. Vorstellbar sind z.B. in einem gemeinschaftlichen Raum im Keller einige Waschmaschinen für alle aufzustellen, sich einige Autos zu teilen und die Besitzer als Fahrer für die anderen zu engagieren, gemeinsame Einkäufe zu organisieren usw. Viel schwieriger verhält es sich z.b. mit gemeinsamem Kochen, weil Sie keine gemeinsame Küche haben. Es gibt zwar auch noch Möglichkeiten, diese nachträglich einzurichten. Aber dazu muss man eine oder zwei Wohnungen auflösen, diese von den bisherigen Besitzern abkaufen, die Beträge auf die übrigen Bewohner umlegen und die fehlenden Räume umbauen. Auch im Kellergeschoss würden dann einige Räume frei, die man zusammenlegen und zu einem Hobbyraum umfunktionieren könnte. Ob dazu ihre Mitbewohner bereit sind, ist wohl eher fraglich. Auch sollte man in jedem Falle die Verträge mit der Bauträgerschaft kennen und feststellen, ob es da Ausstiegsklauseln gibt, damit man alle Unkosten wie Strom, Heizung usw. auf alle Bewohner umlegen kann. Das alles ist nicht so einfach. Aber es macht nur Sinn sich darüber zu unterhalten, wenn man die Details kennt. Meine Erfahrungen aus meiner Zeit, als ich noch eine Seniorengenossenschaft geleitet habe und unserer Organisation auch beim ‚Betreuten Wohnen' tätig war, bestätigen die von Ihnen gemachten Aussagen. Der Anstoß zu Festen, Feiern und Veranstaltungen musste von außen von uns oder auch von Pflegediensten erfolgen. Alleine waren die Bewohner, je älter sie wurden, nicht mehr imstande, die Initiative zu ergreifen. Frau Rink, haben Sie Verständnis, dass ich nicht mehr dazu sagen und im Moment auch nichts unternehmen kann, weil wir alle mit den Vorbereitungen für unsere Jubiläumsfeier beschäftigt sind. Dazu lade ich Sie herzlich ein. Sie können auch noch eine andere Person mitbringen. Dann erfahren Sie aus erster Hand einige politischen und wissenschaftlichen Aussagen über unser Wohnprojekt. Danach stehe ich gerne zu ihrer Verfügung. Ich könnte mir auch vorstellen, dass wir Ihre Mitbewohner einmal zu einem Kaffee bei uns einladen oder dass wir bei Veranstaltungen Ihre Gruppe mitnehmen, wenn z.B. ein Bus nicht voll wird. All das ist ohne weiteres möglich."

Frau Rink war erleichtert und meinte, dass er ihr schon sehr viel geholfen habe, und sie freue sich auf den Informationsabend, aber auch natürlich auf die Jubiläumsfeier in seinem Hause. Sie verabschiedete sich mit den Worten:

„Besonders freue ich mich darüber, dass es eventuell in Zukunft Kontakt zwischen den beiden Häusern geben wird, die doch so nahe beieinanderliegen und deren Bewohner doch etwa gleich alt sind".

Jubiläumsfeier

(6. November 2015)

An einem Freitag, den 6. November sollte ihre Jubiläumsfeier stattfinden. Ingo war vor Wochen wieder zu ihnen zurückgekehrt, und er hatte einen Teil seiner Tatkraft zurückgewonnen. Nun wurde er häufiger von seiner Tochter Lore besucht, die sich in ihrem Kreis auch wohl zu fühlen schien. Die schwierigste Frage war diejenige, wen man zu der Feier einladen sollte, denn es war klar, dass der Platz begrenzt war. Natürlich kamen die Angehörigen der Bewohner, die Mitglieder der 60 plus - Gruppe, die nicht in der WG wohnten, die Presse, der Bürgermeister und die Stadthonoratioren. Auf Betreiben des Professors, der von Ruth begleitet wurde, die an diesem Abend wunderschön in ihrem schlichten schwarzen Kleid aussah, war auch ein regionaler Stuttgarter Fernsehsender erschienen, der fleißig Aufnahmen machte. Außerdem waren noch anwesend die Landtagsabgeordneten der CDU, der SPD und der Grünen von ihrem Wahlkreis. Auch der Landrat mit seinem Sozialdezernenten war zugegen, denn er wollte aus erster Hand erfahren, was dieses Vorzeigeprojekt aus seinem Landkreis zu bieten hatte und ob es für weitere ähnliche Vorhaben als Vorbild taugte. Nicht zuletzt spielten später fünf Mitglieder der Musikkapelle von Nico zum Tanze auf. Die Stadt hatte die Kosten für die Feierlichkeiten übernommen, denn sie sonnte sich in der Aufmerksamkeit, die das Projekt landauf, landab genoss. Der Bürgermeister konnte sich immerhin zugutehalten, mit dem Hinweis auf die Bauruine, die sie übernommen hatten, den ersten Anstoß gegeben zu haben. Insgesamt waren 70 Gäste anwesend, die zum Teil stehen mussten. Auch Horst Beyer, der Zweifler an ihrem Projekt, war natürlich mit seiner Frau gekommen. Er beglückwünschte Ralf zu dem Erfolg und bekannte freimütig, dass es ihm zwar schwer falle zuzugeben, dass er sich geirrt hätte, aber es sei ja offensichtlich, dass die WG gut funktioniere. Das Grußwort hielt Nico, der die prominenten Gäste begrüßte, dann sprach der Bürgermeister sein Grußwort aus und betonte, wie stolz er sei, ein derart richtungsweisendes Projekt in seiner Stadt zu haben. Nun wurde Professor Klein zur Festrede gebeten:

„Meine Damen und Herren, als Soziologe und Gerontologe, beschäftige ich mich hauptsächlich mit dem Altern in unserer Gesellschaft und mit dem Zusammenleben der verschiedenen Altersgruppen. Ich denke, ich sage Ihnen nichts Neues, wenn ich feststelle, dass immer mehr alte Menschen von immer weniger jungen Menschen im Alter unterhalten werden müssen. Wir kommen dabei automatisch zu der Frage: Wer versorgt die immer mehr älteren Menschen, wenn sie sich eines Tages nicht mehr selbst versorgen können? Früher hätte die Antwort geheißen: ‚Natürlich deren Kinder'. Aber manches hat sich geändert und die Voraussetzungen sind völlig anders geworden. Also muss sich unsere Gesellschaft auf die Suche nach neuen Modellen machen, wie die anstehenden Probleme zu lösen sein könnten, denn die herkömmlichen Versorgungssysteme sind den demografischen Herausforderungen nicht gewachsen. Und ohne zu viel zu verraten, ich halte das vorliegende Modell der Senioren WG für ein ganz hervorragendes Modell, einige der Zukunftsprobleme zu lösen. Doch lassen Sie mich einige grundsätzliche Dinge klären und einen kleinen Streifzug durch die Geschichte machen:

Die Etrusker stellten bei Menschen, die älter als 84 Jahre alt waren, jede Versorgungsleistung ein. Auch später war für viele alte Menschen nach dem Ausscheiden aus der Berufswelt die restliche Zeit im Grunde genommen ein Warten auf den Tod, die bei ihren Kindern verbracht wurde. Man züchtete vielleicht Rosen, saß auf der Bank vor dem Haus oder übernahm die Erziehung der Enkelkinder. Der Eintritt in den Ruhestand bedeutete: Man war nicht mehr gefragt, man hatte nichts mehr zu bestimmen.

Doch die heutige Rentnergeneration unterscheidet sich in vielem von ihren Vorgängern:

Der Ruhestand ist zum 4. Lebensabschnitt geworden. Er ist der zum Teil längste, zumindest zweitlängste Abschnitt des gesamten Lebens geworden. Die Menschen werden nicht nur älter, sondern sie werden auch gesünder älter. Sie sind in der Regel finanziell gut ausgestattet, geistig und körperlich fit, treten später ins Rentenalter ein und werden wieder in den Produktionsprozess reaktiviert. Der neue aktive Alte prägt das Gesellschaftsbild, der aktiv und selbstbestimmt seine eigene Zukunft gestalten will. Damit das Weiterleben sich lohnt, will er dem Alter Sinn und Ziel geben, ohne an Lebensqualität zu verlieren. Ihm ist in der Regel klar, dass er nicht alles Unheil in der Welt verbessern kann, aber er will versuchen, in seinem begrenzten Umfeld Veränderungen und Verbesserungen zu bewirken, die auch für ihn noch befriedigende Lebensbedingungen bieten. Dieses Altersbild gilt für die heutige Seniorengeneration, aber es wird sich in spätestens 20 Jahren ändern.

Nach den derzeitigen Prognosen darf man davon ausgehen, dass sich im Jahre 2030 gegenüber dem Jahre 2009 eine Steigerung der zu Pflegenden von über 50% ergeben werden. Dies liegt:
- am demografischen Wandel -
- daran, dass Familienangehörige die Pflege nicht mehr in dem seitherigen Umfang übernehmen können -
- an den sich wandelnden gesellschaftlichen Strukturen und den Anforderungen des Arbeitsmarktes und der Unvereinbarkeit von Beruf, Familie und Pflegedienste-

Erschwerend für die Situation der älteren Bevölkerung kommt noch hinzu, dass der Durchschnittsverdienst eines Rentners stark zurückgehen wird. Aber bleiben wir beim momentanen Status.

Das eben geschilderte Altersbild weckt auch Ängste in der Gesellschaft, die der erst neulich verstorbene Mitherausgeber der ‚Frankfurter Allgemeinen Zeitung' Frank Schirrmacher in seinem Bestseller ‚Das Methusalem-Komplott' beschreiben hat. Im ersten Teil seines Buches beschreibt er, wie den alten Menschen eine ökonomische Schuld aufgezwungen wird, indem den unproduktiven Alten vorgeworfen wird, den wenigen Jungen alles ‚wegzufressen'. Begriffe wie ‚Versorgungslücke' und ‚Rentendefizit' tauchen auf und es würde sich eine Art Altersrassismus entwickeln, der in der Fragestellung gipfelt, ob es nicht eine Art Pflicht zum früheren Tode, dem Freitode, im Alter geben müsste im Sinne einer heroischen Selbstaufopferung zum Wohle des Ganzen, Das hat auch schon ganz praktische Auswirkungen, indem man konkret darüber diskutiert, ob man überhaupt Menschen ab einem bestimmten Alter Herzschrittmacher oder künstliche Hüftgelenke einsetzen sollte. Wir sind da nicht mehr weit weg von Euthanasiegedanken des 3. Reiches, und Sie erinnern sich an den Umgang der Etrusker mit ihren Alten zu Beginn meines Vortrages. Doch die Alten, so Schirrmacher, könnten sich wehren. Sie bilden nämlich ein hohes politisches Potential, weil sie bald die Mehrheit in unserer Gesellschaft innehaben werden. Sie könnten in den Parteien und Vereinigungen, ich nenne nur die ‚Grauen Panther', ihre Mehrheiten nutzen, um ihre Interessen durchzusetzen und die Jungen zu dominieren. So entsteht ein Szenario, indem sich ein Generationenkonflikt abzeichnet. In seinem Buch bietet Schirrmacher nach meiner Ansicht eigentlich keine überzeugende Lösung dieses Konfliktes an.

Einen weiteren wichtigen Gesichtspunkt sollten wir bei unseren Betrachtungen zur Situation der älteren Bevölkerung nicht außer Acht lassen. Es ist allgemein bekannt, dass die meisten Menschen so lange wie möglich in der vertrauten Häuslichkeit verbleiben und ein selbstbestimmtes Leben führen wollen. Doch wir müssen kritisch an zwei Punkten nachfragen:

- Sind die Voraussetzungen bei uns heute wirklich so gegeben, dass das Leben im eigenen Zuhause alleine auch bei Beeinträchtigungen und Behinderungen möglich ist?
- Ist der Verbleib in der eigenen Häuslichkeit nicht auch mit den Risiken der Vereinsamung und Verwahrlosung verbunden?

So, nach diesem zugegeben weiten Bogen in der Beziehung der Generationen, der sie hoffentlich nicht gelangweilt hat, komme ich mit den letzten beiden Fragestellungen zum Thema des heutigen Abends, zur Würdigung der Seniorenwohngemeinschaft Bührstadt zurück."

Nein, gelangweilt hatte er die Zuhörer ganz sicher nicht. Das lag erstens an seiner temperamentvollen und zum Teil humoristischen Vortragsart, gespickt mit manchem „Bonmot", aber auch daran, dass vieles von dem, was er vorgetragen hatte, zwar bekannt war, aber er es in Zusammenhänge stellte, die man vorher so noch nicht gesehen hatte. Ralf war gespannt darauf, wie er nun die rhetorische „Kurve" zum heutigen Abend einschlagen würde. Prof. Klein fuhr fort: „Bevor ich nun fortfahre, möchte ich Ihre Aufmerksamkeit auf meine Studentin Ruth Haller lenken, die mit ihrer Doktorarbeit: ‚*Die Seniorenwohngemeinschaft Bührstadt, ein Modell für ein alternatives zukunftsweisendes Zusammenleben älterer Menschen*', hervorragende Arbeit geleistet hat und der die folgenden Ausführungen zu verdanken sind. Fräulein Haller, ich darf Sie bitten vorzutreten. Die besagte Arbeit wurde übrigens mit der Note ‚eins' bewertet, und ich darf mich bei Ihnen dafür ganz herzlich bedanken."

Er überreichte ihr einen Blumenstrauß, den ihm Gaby in die Hand gedrückt hatte. Tosender Applaus und eine ergriffene, aber auch stolze Ruth, die beim Zurückgehen auf ihren Platz bei Ralf vorging und ihm zum Dank die Hand reichte. Ralf schloss sie gerührt in die Arme und wieder brauste Beifall auf.

Nun schaltete der Professor seinen Laptop ein und erläuterte seine Darbietungen mit einer Power-Point-Präsentation, wozu er erfolgende Erläuterungen abgab:

Fräulein Haller stellt im ersten Teil ihrer Arbeit die Entstehung der Seniorenwohngemeinschaft in Bührstadt dar, liefert die Gründe für die Entstehung, beschreibt sehr gut nachvollziehbar die einzelnen Schritte und Maßnahmen der Bewohnergruppe von der Idee bis zur heutigen WG und stellt auch den finanziellen Hintergrund und die Einsparmöglichkeiten beim Wohnen in der WG dar. In einem zweiten Teil wird ein von ihr entworfener Fragebogen ausgewertet, der uns viel über die Motive, die Empfindungen und die Einstellungen der Bewohner verrät.

„Fräulein Haller befragte folgende 5 Personengruppen: Menschen im Pflegeheim, Menschen in der vorliegenden Senioren WG, Menschen in einem Mehrgenerationenhaus, Menschen, die im „Betreuten Wohnen' und Menschen, die noch in ihrer eigenen Wohnung lebten. Die 10 Fragestellungen lassen sich gruppieren nach finanziellen Aspekten, nach den geselligen und sozialen Aktivitäten, nach Einstellungen der Personen und nach dem persönlichen Befinden, also den Wohlfühlfaktoren. Sie hat die gleichen Befragungen bei jeder Gruppe zweimal durchgeführt, also zu dem Zeitpunkt kurz vor dem Start der Senioren WG und fast nach einem Jahr Wohnen in der Senioren WG. Auf diese Art und Weise konnte man auch Veränderungen bei den Einstellungen der befragten Personen durch den Aufenthalt in den einzelnen, verschiedenen Wohnmöglichkeiten feststellen. Wenn diese Veränderungen von Bedeutung waren, werde ich darauf hinweisen.

Es wurden von jeder Gruppe 18 Personen befragt, weil eben 18 Personen in der WG leben. Die Ergebnisse bei der Senioren WG werden immer im Vergleich zu den anderen vier alternativen Wohnmöglichkeiten angegeben. Bei dieser Befragung haben sich folgende Trends ergeben, die ich Ihnen jetzt mitteilen will. Das genauere Zahlenwerk kann man in der vorliegenden Arbeit nachlesen".

Er wedelte mit der Arbeit in der Hand.

„Übrigens gehe ich davon aus, dass die Arbeit bald auch in den Buchverlagen erhältlich sein wird. Nun aber zu den einzelnen Befragungspunkten und ihren wesentlichen Aussagen:

Bei den Antworten konnten die Bewohner zwischen den Bewertungen 1 – 4 wählen. Die Bewertung 1 war am positivsten, die Bewertung 4 am negativsten.

Bei den meisten Fragestellungen bedeutete dies:

1 = sehr gut, 2 = gut, 3= zufriedenstellend, 4 = mangelhaft.

Bei manchen Fragestellungen musste ein anderes Vokabular herangezogen werden, wie z.B. bei der Frage 3: Fühlen Sie sich oft einsam und verlassen?

1 = niemals, 2 = selten, 3 = ab und zu, 4 = sehr häufig

Die einzelnen Fragen lauteten also:

1. Wie beurteilen Sie die Kosten der Lebensführung in der WG?

Das Leben in der Senioren WG wurde eindeutig finanziell günstigerer als in jeder anderen Wohnform beurteilt. Es gab bei der Senioren WG nur Bewertungsstufen von 1 und 2. Durch gemeinsame Einkäufe, gemeinsame Nutzung von Einrichtungen wie Waschmaschinen, Autos, Fernseher, Teilung der Kosten für Strom, Heizung Reinigung usw. ergeben sich große Einsparmöglichkeiten –

2. Wie ist es gelungen, die Versorgung im Falle von Krankheit und bei Pflegebedarf zu regeln?

Auch hier wurden die besten Bewertungen für die Senioren WG vergeben. Die Gründe dafür sind zu suchen in

a) monatlichen Rücklagenbildungen, die gebildet werden können, weil die monatlichen Ausgaben niederer sind als in jeder anderen Wohnform und die Rücklagen für Pflegekräfte eingesetzt werden konnten auch bei Personen, die noch gar keiner Pflegestufe angehören –

b) der Mithilfe der Bewohner bei der Versorgung in Krankheitsfällen, bei der einfach mehr Zeit der Mitbewohner für die zu Betreuenden aufgewendet werden kann und Ausgaben eingespart werden, die sonst für Pflegekräfte bezahlt werden müssten –

3. Fühlen sie sich oft einsam und verlassen?

Es gab es bei der Senioren WG fast nur positive Antworten, während bei den übrigen Bewohnern der anderen Wohnformen mit Ausnahme des Mehrgenerationenhauses überwiegend Verlassenheitstendenzen festzustellen waren –

4. Teilnahme am geselligen Leben:

Die Aktivitäten und die Teilnahme am gesellschaftlichen Leben sind innerhalb der Senioren WG am höchsten. Offensichtlich animieren sich die Bewohner dieser Wohnform häufig auch gegenseitig für gemeinsame Aktivitäten –

5. Wie sind die persönlichen Beziehungen zu den Mitbewohnern?

Auch hier lagen die Beurteilungen bei der Senioren WG und des Mehrgenerationenhauses klar an der Spitze.

6. Fehlt Ihnen manchmal der persönliche Freiraum?

Wie von der Fragestellung her zu erwarten, gab es beim Pflegeheim und bei der Senioren WG hier die meisten negativen Äußerungen. Diese sind bei der Senioren WG dadurch zu erklären, dass es ja nur hier und bei dem Pflegeheim Situationen geben kann, wo es schwerer fällt sich zurückzuziehen als bei den anderen Wohnformen. Auch darf man nicht ausschließen, dass sich zum Teil Personen in der Senioren WG befinden, denen Individualität besonders wichtig ist und die deshalb in einer anderen Wohnform besser aufgehoben wären –

7. Haben Sie Angst vor der Zukunft?

Bei den Fragen zu Lebenseinstellungen, die eine positive oder negative Grundeinstellung ermitteln sollten, haben sich eklatante Unterschiede ergeben. Auf die gestellte Frage antworteten die Pflegeheimbewohner, die Bewohner in dem eigenen Zuhause und die Bewohner im „Betreuten Wohnen" überwiegend mit ‚Ja', während die Bewohner der Senioren WG und der Mehrgenerationenhäuser kaum Ängste vor der Zukunft angaben. Es gab es auch Unterschiede zu der ersten Befragung, denn hier hatten bei der 1. Befragung noch mehr Bewohner der WG Angst vor der Zukunft als bei der 2. Befragung. Also wurde durch positive

Erfahrungen in dem einen Jahr Aufenthalt in der WG die Angst verringert.

8. Möchte Sie gerne in der jetzigen Wohnform weiterleben?

Im Altenheim wollte fast keiner weiterleben, bei den übrigen Wohnformen waren die meisten Bewohner zufrieden mit der gewählten Wohnform, wenn auch bei der Senioren WG wieder die Zufriedenheit am höchsten war.

Die 2. Befragung brachte die insgesamt größten Unterschiede bei der Senioren WG. Bei ihr wollten bei der 2. Befragung 90 % in der WG weiterleben, vorher waren es nur 65 % gewesen. Bei den anderen Wohnformen gab es kaum Unterschiede zur ersten Befragung.

9. In welcher Wohnform würden Sie am liebsten wohnen?

Die Antworten lauteten der Reihenfolge nach: Senioren WG, eigenes Heim, Mehrgenerationenhaus, Betreutes Wohnen, Pflegeheim. Die Senioren WG lag deutlich an der Spitze, wobei auch hier nach der zweiten Befragung der Wert bei der Senioren WG höher lag als bei der ersten Befragung.

Offensichtlich haben die Erfahrungen in diesem einen Jahr, aber auch die Presseberichte und die Mund - zu - Mundpropaganda für die Verbesserung der Umfragewerte zugunsten der Senioren WG gesorgt.

10. Würden Sie gerne bald sterben?

Der Wunsch noch länger weiterzuleben ist bei der Senioren WG und beim Mehrgenerationenhaus am höchsten ausgeprägt, während im Altenheim viele Menschen froh wären, wenn sie bald sterben könnten. Auch hier waren die Antworten bei der Senioren WG bei der 2. Befragung noch einmal deutlich positiver als bei der 1. Befragung.

Fräulein Haller hat in ihrer Arbeit auch die Aussagekraft der Arbeit und die Grenzen der Erkenntnisse kritisch hinterfragt. Diese Aussagen wollen wir nicht unter den Tisch fallen lassen:

1. Das Einkommen der Mitglieder der vorliegenden Senioren WG dürfte höher sein als das Einkommen des durchschnittlichen Rentners oder Pensionärs. Das Nettoeinkommen der Ehepaare lag monatlich zwischen 2500 € und 4500 €, das der Einzelpersonen zwischen 1300 € und 2500 €. Aber nach den bisherigen Abrechnungen käme die WG auch mit geringeren Zahlungen aus. Auch wäre das Modell durchführbar, wenn sich nicht jedes Mitglied als Eigentümer einer Wohnung, sondern nur als Mieter beteiligen würde und er dann eben monatliche Miete an den Hausbesitzer bezahlen müsste, wie es bei zwei derzeitigen Bewohnern ja auch der Fall ist.
2. Alle Personen, die sich beteiligt haben, verfügten über ein hohes Maß an Engagement, Initiative, Organisationstalent und Mut. Diese Fähigkeiten werden nicht immer bei allen Gruppen in diesem hohen Maße vorhanden sein. Jedoch wäre es durchaus denkbar, dass, wenn von Regierungsseite ein derartiges Projekt gestartet werden würde, ein von staatlicher oder kommunaler Stelle eingesetzter Projektleiter, z.B. ein Sozialarbeiter, diese Aufgaben übernimmt, die in der

vorliegenden WG von den einzelnen Mitgliedern geleistet wurden.

3. Um eine auch von der statistischen Seite her gültige Aussage über die Ergebnisse zu erhalten, müsste die Population der befragten Personen wesentlich höher sein. Aber als Trendaussage darf man das Ergebnis schon zu Rate ziehen.

Kommen wir zurück auf den von Schirrmacher beschworenen Konflikt zwischen Alten und Jungen. Das Leben in einer WG könnte diesen Konflikt entschärfen, denn die Alten können sich finanziell selbst versorgen und liegen den Jungen nicht auf der Tasche. Sie haben das vollzogen, was in der Geschichte immer gemacht wurde, wenn Not am Mann ist. Sie haben sich zusammengeschlossen, gegenseitig geholfen und sich solidarisch verhalten, wie auch zwei Konfliktfälle in dem zurückliegenden Jahr bewiesen haben. Und wie mir berichtet wurde, konnten sich ihre Kinder ebenfalls für dieses Projekt begeistern. Diese haben ihre Eltern bestärkt, sich an dem Projekt zu beteiligen, denn auch sie sind daran interessiert, dass ihre Eltern im Alter gut versorgt sind, ein menschenwürdiges selbstbestimmtes Leben führen können und sie sich selbst keine Gewissenbisse machen müssen, weil sie eben ihre Eltern nicht dahin abgeschoben haben, wohin sie gar nicht wollten. Somit wurde eine Lösung gefunden, die Alt und Jung zufrieden stellt, und wo keine Gruppe auf Kosten der andern lebt. Wie beim Betrachten unserer Senioren WG deutlich wird, werden hier Dienstleistungen bedarfsorientiert in Form einer gelebten Solidarität abseits des Gewinnstrebens organisiert. Grundlage für diese alternative Wohnform sind die Anwendung der Prinzipien Selbsthilfe, Selbstverantwortung, Selbstverwaltung, Solidarität und ehrenamtliches Engagement. Sie schaffen eine Win-win-Situation sowohl für die Bewohner als auch für die Gesellschaft, indem sie den Bewohnern und den

Kommunen helfen, sozialpolitische Problemfälle zu entschärfen. Diese Form der Lebensgemeinschaft

- erfüllt den Wunsch der meisten Menschen im eigenen Zuhause zu verbleiben und ein selbstbestimmtes Leben zu führen -
- lässt das Leben im eigenen Zuhause auch bei Beeinträchtigungen und Behinderungen zu und schützt vor Vereinsamung und Verwahrlosung -

Aus diesem Grunde möchte ich alle Politiker auffordern, dieses Modell zu unterstützen und dafür zu sorgen, dass es in den nächsten Jahren mehrere dieser Wohnmöglichkeiten geben wird.

Im Übrigen ist eine weitere Seniorengemeinschaft im Kreis Göppingen gerade im Entstehen und wird am 1. Mai 2016 eingeweiht werden. Es handelt sich um die von der „Mobilen Hilfe" getragenen Seniorenwohngemeinschaften im SBI Gebäude in 73329 in Kuchen, Auf der Fabrik 1. Sie bietet zwei Varianten an:

- Eine sich selbst organisierende WG. Diese regelt und entscheidet ihre gemeinschaftlichen Belange selbst -
- Und eine trägerinitiierte WG. Dort ist eine Präsenzkraft (Helfer) von der „Mobilen Hilfe" vor Ort -

Sie sehen also, auch andere Gruppierungen haben die Vorzüge dieser Wohnformen erkannt und sind aktiv geworden. Vielen Dank."

Lang anhaltender Beifall.

Darauf sprachen die Vertreter der Parteien noch einige Grußworte, stellvertretend für alle der CDU-Landtagsabgeordnete:

„Liebe Anwesende, ich darf Ihnen versichern, dass meine Kollegen von der SPD den „Grünen" und ich Ihr Modell im Landtag bekannt machen, die Sozialausschüsse beauftragen, es öffentlich zur Nachahmung zu empfehlen und dafür zu sorgen, dass ähnliche Modelle auch mit Landeszuschüssen gefördert werden. Außerdem werden wir beantragen, dass die Doktorarbeit von Fräulein Haller auf Landeskosten vervielfacht und in allen Landratsämtern ausliegen wird mit dem Vermerk: ‚Zur Nachahmung empfohlen' Liebes Fernsehteam, werte Vertreter der Presse, bitte nehmen Sie diese Gedankengänge in Ihre Beiträge auf und würdigen Sie das vorliegende Modell entsprechend!"

Jetzt kündigte Nico Ralf als Redner an, denn er sei der eigentliche Initiator der WG.

Langsam betrat Ralf die Bühne und schritt zum Rednerpult. Er brauchte eine Weile, bis er sich gefasst hatte. Ja, er hatte die ursprüngliche Idee für dieses Vorhaben gehabt. Aber eine Idee zu haben und diese dann auch umzusetzen, waren „zwei paar Stiefel". Er gab zu, es erfüllte ihn mit Stolz, dass er dieses Vorhaben so umsetzten konnte, wie er es sich vorgestellt hatte, und dies auch allgemein anerkannt wurde.

„Liebe Anwesende, eine Wohnform ist nur dann für seine Bewohner passend, wenn diese auch für diese Wohnform passend sind. Ein Individualist und Eigenbrötler, der möglichst für sich sein will, gehört nicht in eine WG, sondern der sollte eher die Vorteile von Seniorengenossenschaften in Anspruch nehmen. Jemand, der in einer WG wohnen will, sollte also kontaktfreudig und gesellig sein. Es gab natürlich auch schon WGs, die gescheitert sind, und das lag fast immer daran, dass die Menschen nicht zueinander passten Die besten Ideen helfen nichts, wenn man nicht dazu die Personen hat, die diese umsetzten können. Und wir hatten das große Glück, dass sich ein Personenkreis hier bei uns zusammengefunden hat, der zusammenpasst, der bereit war, auch Opfer zu bringen und der den Mut aufbrachte, etwas Neues anzupacken.

Dieser Zusammenhalt wurde auch dann erkennbar, als wir zwei Rückschläge erlitten, nämlich als ein Mitglied unsere Gemeinschaft wieder verließ und als es sich urplötzlich zeigte, dass wir ein demenzkrankes Mitglied in unserer Gemeinschaft zu versorgen hatten. Aber auch das haben wir gemeistert. Für noch skeptische Zuhörer möchte ich auch ausdrücklich betonen, dass für jeden unserer Gemeinschaft die Möglichkeit besteht, sich bei Bedarf zurückzuziehen und sich seine individuellen Freiräume zu suchen. Die Wohnanlage ist ja konzipiert, dass jeder seine eigene abgeschlossene Wohnung besitzt und nicht nur ein Zimmer in einer gemeinsamen Wohnung, wie es bei manchen WGs auch der Fall ist. Dort ist es dann natürlich schwieriger, seine Freiräume zu finden. Jedoch das Bedürfnis nach Freiräumen ist sicherlich bei jedem von uns zu irgendeinem Zeitpunkt vorhanden, wenn auch bei der Gründung der WG uns natürlich eher das Bedürfnis nach Gemeinsamkeit und Geselligkeit zusammengeführt hat.

Und als Ausdruck dieser hier gefundenen Gemeinsamkeit wollen wir Ihnen allen ein Lied vorsingen, das extra für den heutigen Abend getextet wurde und das die Gefühle der Bewohner am besten ausdrückt. Ich bitte alle Bewohner unserer WG auf die Bühne und unseren Nico ans Klavier." Auch Uwe wurde mit seinem Rollstuhl auf die Bühne gefahren, und er sang gemeinsam mit den anderen lauthals mit.

Loblied auf die Senioren WG

(Text: Ralf Rein, Melodie: Nico Schwarz)

1) Lang haben wir's überlegt,
    ob das auch wirklich gut geht,
    oder lassen wir's bleiben?
    Wird das Leben in der Senioren WG,
    nach einem Resümee,
    sich als passend erweisen?

Haben manches schon ausprobiert,
doch das haute einfach nicht hin.
Immer einsam sein,
leben ganz allein,
das kann doch wirklich,
unsre Zukunft nicht sein.

Refrain: **Ja, - das Leben in der WG,**
war - unsre beste Idee
Glaubt uns, wir mögen's gut leiden.
Eins haben wir nie bereut,
zu leben in Gemeinschaft heut',
so soll's bleiben - alle Zeit.

2)   Lang haben wir's überlegt,
ob das auch wirklich gut geht,
wie soll'n wir entscheiden?
Jugend will unabhängig sein,
doch damit- ist sie nicht allein,
wir Senioren - wollen's auch bleiben.

Wir haben den Job an den Nagel gehängt,
jedoch damit nicht unser Leben.
Fremdbestimmung ade,
leben jetzt in der WG,
Selbstbestimmung nur wird's für uns geben.

Refrain: **Hallo, willkommen – entrez**
in der Senioren WG,
gemeinsam könnt ihr's auch schaffen.
Sobald ihr dazu bereit,
ihr erkennt ganz befreit:
Es beginnt, eine neue Zeit.

Lang anhaltender Beifall. Im Verlaufe des Abends mussten sie das Lied noch einmal singen, weil es den Anwesenden so gut gefallen hatte. Nun führte Nico alle Gäste bei einem Rundgang durchs Haus, und danach trafen sie sich wieder im Gemeinschaftsraum.

Jetzt ergriff noch einmal der Bürgermeister das Wort und lud alle ein zum Büfett, das mitsamt den Getränken von der Gemeinde gestiftet werde. Auch in Zeiten der leeren Kassen dürfe man es sich nicht nehmen lassen, besondere Anlässe gebührend zu feiern.

„Ich bitte alle, sich mit einem Glas Sekt zu bewaffnen und auf unser gemeinsames Wohl zu trinken. Auf das Wohl der Seniorenwohngemeinschaft Bührstadt!"

Alle stimmten mit ein und es herrschte eine Bombenstimmung, die sich noch steigerte, als Nico mit seiner Band zum Tanz aufspielte. Ralf beobachtete die tanzenden Pärchen und ihm entging nicht, dass der Professor sich intensiv um Ruth bemühte, offensichtlich nicht nur aus wissenschaftlichen Gründen. Da stieß ihn Gaby in die Seiten und fragte neckisch:

„Na großer Meister, schon wieder dabei, den jungen Mädchen nachzuschauen? Könntest du auch mit deiner betagten Partnerin Vorlieb nehmen und mit ihr einen Stehblues tanzen?"

„Aber ja doch, nichts lieber als das. Ich musste nur gerade daran denken, dass ich erst vor fünf Jahren nach Bührstadt gekommen bin. Nicht zu glauben, was sich alles seither ereignet hat."

Er nahm sie zuerst einmal in die Arme und küsste sie lange, dann schritten sie auf die Tanzfläche.

Literaturverzeichnis

Henning Scherf:	„Grau ist bunt"
Frank Schirrmacher:	„Das Methusalem-Komplott"
Kai Kühn:	„Die graue Kommune"
Norbert Necker:	„Selbstbestimmt leben mit Hilfe der SEGOFILS"
Norbert Necker:	„Wenn's Abenteuer Alter naht"
Horst W. Opaschowski	„Der Deutschlandplan"
Hartmut & Hildegard Radebold:	„Älterwerden will gelernt sein"
Dr. med. Manfred Koller:	„Herausforderungen des Älterwerdens aus gerontopsychiatrischer Sicht" (Klinikum Christophsbad Göppingen am 20.6.2015)
Thomas Beyer, Edmund Görtler, Doris Rosenkranz:	Seniorengenossenschaften –organisierte Solidarität
Landtag von Baden-Württemberg: (15. Wahlperiode)	Enquetkommision „Pflege in BW zukunftsorientiert und generationengerecht gestalten"

FSC
www.fsc.org
MIX
Papier | Fördert
gute Waldnutzung
FSC® C083411

Zeitfracht Medien GmbH
Ferdinand-Jühlke-Straße 7
99095 Erfurt, Deutschland
produktsicherheit@kolibri360.de